관점

쇠얀 키에르케고어Søren Kierkegaard는 키르케고르, 키에르케고르, 키르케고어 등 여러 이름으로 불리고 있으나, 한국 키에르케고어 학회에서는 여러 차례 논의를 거쳐 키에르케고어의 이름을 덴마크 원어 발음과 가장 유사한 쇠얀 키에르케고어 하나로 통일함이 바람직하다고 결정하였으며, 도서출판 치우의 협력을 얻어 앞으로 출간될 도서에 쇠얀 키에르케고어를 사용하기로 하였습니다.
독자 여러분께서도 쇠얀 키에르케고어의 이름을 기억해 주시기를 부탁드립니다.

한국 키에르케고어 학회
회장 이승구

저술가로서의 나의 저술활동의

관점

코펜하겐 1859년

쇠얀 키에르케고어 지음
임춘갑 옮김

도서출판 치우

차례

나의 말은 무력하옵니다.

나의 말로는

나의 소임을 다할 수 없사옵니다.

오 주여, 당신이 지혜와 선하심과

능력과 나라는 위대하옵니다.

– Borson

서론

저술가로서 활동해 온 나는 이제 나의 활동의 알맹이가 무엇이었으며, 저술가로서의 나는 나 자신이 어떤 존재이기를 원하고 있는가를 한번쯤 단호하게 되도록 터놓고 직접 해명하고 싶은 강한 충동을 굳이 억누를 필요가 없을 뿐만 아니라, 또 그렇게 하는 것이 나의 의무라고 생각하는 시점에 도달하였다.

다른 의미에서는 그렇게 하는 것이 아무리 불리하다고 하더라도 지금이야말로 그런 절호의 시기다.

왜냐하면 한편으로는 앞서도 말한 것처럼 그런 시점時點에 도달하였기 때문이고, 또 한편으로는 얼마 전까지만 해도 전혀 출판할 의사가 없었던 나의 처녀작인 『이것이냐 / 저것이냐』의 재판再版*을 통하여, 나 자신이 문학 분야에 재등장하지 않을 수 없게 되었기 때문이다.

침묵할 때가 있고, 말할 때가 있다.** 가장 엄격하게 침묵을 지켜야 하는 것이 나의 종교적인 의무라고 간주하고 있던 한에 있어서, 나는 온갖 수단을 다하여 침묵을 지키려고 애써왔다.

나는 침묵이 불가사의한 수수께끼나 이중묵계二重默契적인 결과를 초래한다고 해서, 유한한 의미에서는 나 자신의 노력에 반발해 본 적이 없다. 그렇기 때문에 내가 한 일은 오해를 샀고, 나의 태도는 거만하고 건방지다는 평을 받았고…… 그 밖에 어떤 평을 받았는가는 하느님께서 아신다.

나는 내가 침묵이 나의 종교적인 의무라고 생각한 한에 있어서, 그런 오해를 풀기 위해서 거의 아무런 노력도 하지 않았다. 내가 침묵은 곧 나의 의무라고 생각한 이유는 나의 저술활동이 아직은 완성된 모습을 갖추고 있지 않는 한, 그것을 이해한다고 해도 결국 오해에 불과할 수밖에 없기 때문이다.

그러므로 이 작은 저서에 담겨있는 내용은 나는 과연 참으로 어떤 유의 저술가인가 하는 점과, 저술가로서의 나는 과거나 현재나 종교적인 저술가라는 점과, 저술가로서의 나의 저술활동

* 초판은 1847년 4월에 품절되었고, 재판은 1849년 5월에 출간되었다.

** 전도서 3장 7절

전체는 그리스도교와 연관되어 있고, '어떻게 하면 그리스도인이 될 수 있는가' 하는 문제를 다루고 있다.

그러기 위하여 나는 우리가 그리스도교계教界라고 부르고 있는 엄청난 착각을 음으로 양으로 공격하였고, 또 그런 풍토에 살고 있는 한 우리는 그럭저럭 그리스도인이 된다는 착각에 대하여도 직접적으로 혹은 간접적으로 공격한다.

나는 그리스도교에 진정으로 관심을 쏟고 있는 모든 분들에게 그리고 그분들이 그리스도교에 쏟는 마음이 진지하면 진지할수록, 호기심을 만족시키기 위해서가 아니라, 마치 종교서적을 읽는 심정으로 마음을 다하여 이 책을 읽어 주시기를 간절히 부탁하는 바이다.

이른바 심미적審美的인 대중들이 그리스도교에 이바지하기 위한 위장이고 속임수에 불과한 나의 심미적인 저서들을 읽는 동안에 의식적이건 무의식적이건 간에 흥미를 느꼈거나 느끼게 된다고 해도, 그것이 나와는 전혀 무관한 일이라는 것은 자명한 사실이다. 왜냐하면 나는 종교적인 저술가이기 때문이다.

가령 그런 어떤 독자가 개개의 심미적인 저서를 완전히 이해하고 비판적인 입장에서 칭찬을 한다고 해도, 그렇다고 해서 그가 저술가로서의 나의 전체 저술활동 속에 담겨진 종교적인 전체성全體性을 이해하지 못하는 한, 결국 그는 나를 전체적으로 오해하게 될 것이다.

그러나 다른 어떤 사람이 나의 저술들을 종교적인 전체성 안에서 이해해 준다면, 설혹 그가 여러 저술 중에 포함된 어떤 한 심미적인 작품을 이해하지 못하였다고 해도, 나로서는 그런 이해의 부족을 본질적인 부족이라고는 말할 수 없다.

내가 여기서 기술하는 내용은 오리엔테이션을 위한 것에 불과하다. 이것은 하나의 공개적인 증언이지 해명이나 변명이 아니다. 그런 측면으로 보아서는 실상 다른 점에서는 비록 하나도 상통한 바가 없지만, 나는 나 자신이 소크라테스와 일맥상통하는 점이 있다고 자부하고 있다. 왜냐하면 소크라테스가 피소되어 '군중'이 그에게 선고를 내리려고 하였을 때, 그의 자기는 그에게 자신을 변명하지 말라고 했기 때문이다. 사실 만일 그가 변명이라도 했다면 그 얼마나 꼴불견이었겠으며 또 그 얼마나 자가당착自家撞着이었겠는가!

그와 마찬가지로 내게는, 그리고 내가 차지하고 있는 변증법적인 위치에는, 나로 하여금 변명을 불가능하게 하고, 저술가로서의 나의 작품에 대한 변명을 불가능하게 하는 그 무엇이 있다. 나는 이제까지도 많은 괴로움을 참아왔다. 그러니 자기自己를 잃는 아픔만 없다면 앞으로도 나는 보다 많은 괴로움을 참을 셈이다.

그러나 누가 알랴? 어쩌면 미래는 과거보다 나를 부드럽게 대해줄지도 모른다. 나의 자기와 나의 위치의 변증법적인 특성의 상실이라는(이것만은 참을 수가 없다) 고통을 겪지 않고서는 참을 수도 감행할 수도 없는 유일한 일 - 이 유일한 일은 저술가로서 나 자신을 변명하는 일이다. 변명하는 것이 비록 내가 전 세계를 얻는 데 궁극적으로 도움이 된다고 할지라도 그것은 곧 불성실不誠實이고, 영원히 나를 파멸케 할 것이다.

하느님 앞에서나 또 사람들 앞에서나 내가 개인적으로 저지른 죄에 대해서 나는 겸손하게 명심한다. 그러나 나는 하느님과 더불어 알고 있다 - 저술가로서의 나의 모든 저술활동은 진리에 이바지하기 위해서는 온갖 노력과 희생을 무릅쓰고 조금이라도 보답해 보려고 깊이 뉘우치고 회개하는 한 영혼의 진지한 노력이고, 고독한 인간의 유일한 가능성이고, 억누를 수 없는 내적인 충동의 소산이라는 것을.

그러므로 나는 또 하느님과 더불어 알고 있다 - 나의 저술활동에 관한 한 나는 나와 동시대의 사람들 앞에서 나 자신을 변명할 필요를 느끼지 않는다는 사실을.

나의 저술활동은 과거에도 하느님께서 미쁘게 보아 주셨고, 또 현재도 그러하므로, 하느님께서 도와주신 것을 기뻐하고 있다. 왜냐하면 이 경우에 내가 맡아야만 할 소임이 있다면, 그것은 변호를 위한 변호사의 소임이 아니라, 오히려 검사의 소임이기 때문이다.

그렇다고 해서 나는 구태여 나와 동시대의 사람들을 고발하려는 것이 아니다. 왜냐하면 나는 나 자신이 유명인이 되고, 인기인이 되는 것을 힘을 다하여 저지하는 것이 나의 과업이고, 자기부정自己否定을 통하여 진리에 봉사하는 것이 나의 의무라는 사실을 종교적으로 경건하게 이해하고 있기 때문이다.

오로지 자신의 경험을 통하여 참다운 자기부정이 무엇인지를 아는 사람만이 나의 수수께끼를 풀 수 있고, 또 그것이 곧 자기부정이라는 것을 알 수 있을 것이다.

자기 자신이 몸소 체험하지 못한 사람은 나의 태도를 오히려 자애自愛다, 자만이다, 괴벽이다, 미친 짓이라고들 평할 것이다. 그런 의견에 대해서 나는 그 사람을 고발할 생각은 추호도 없다. 왜냐하면 진리에 봉사하고 있는 나 자신이 그렇게 되게끔 이바지하여 왔기 때문이다.

떠들썩한 집회를 통해서나 '매우 유명한 공중公衆' 들에 의해서나 또 겨우 반시간 정도의 시간으로써는 결코 이해할 수 없는 일이 하나 있다. 그것은 곧 참다운 그리스도교의 자기부정의 본질이다.

참다운 그리스도교의 자기부정을 이해하기 위해서는 두려움과 떨림이, 침묵의 고독이, 그리고 오랜 시간의 흐름이 필요하다.

나는 내가 남들에게 전달하는 진리에 관해서 나 자신이 잘 이해하고 있다는 사실에 대해서는 영원히 확신을 갖는다. 그리고 나와 동시대인들도 그들이 그것을 이해하지 못하고 있다면, 언젠가는 영원 안에서 정당한 방법으로건 부당한 방법으로건 어차피 그 사실을 이해하게 될 것이라고 확신한다. 그때 그들은 내가 면할 길이 없었던 많은 괴로운 심려와 고통을 피할 수 있을 것이다.

나는 많은 오해에 시달려왔다. 그렇다고 내가 자진하여 그런 오해를 자초한 사실이, 내가 현실적인 고뇌에 무감각하였다는 것을 말해주는 것은 아니다. 더욱이 일체의 그리스도교적인 고뇌가 부정된다면, 자발적인 고뇌 따위는 있을 수도 없다. 그렇다고 또 당연히 '다른 사람들'에게 아무런 허물이 없다는 직접적인 결론이 나오는 것도 아니다. 왜냐하면 내가 이렇듯이 시달리고 있는 것은 곧 진리를 위해 봉사하고 있기 때문이니까.

그러나 비록 내가 많은 오해를 받고 시달리고 있다고는 하지만, 나는 나에게 무한히 중요한 일, 즉 하느님께서 나에게 진리에 대한 이해를 은사로 주신 일에 대해 하느님께 감사할 따름이다.

끝으로 하나만 더 부언하련다.

나는 저술가로서의 나의 활동 전부를, 즉 순전히 개인적인 내면성으로써 내가 파악하고 있는 나의 활동의 해석 전부를 설명할 수 없다는 사실만은 언급하지 않으련다.

그 이유의 하나는 나로서는 나와 하느님과의 관계를 공표할 수 없기 때문이다. 이 관계는 공표해야 할 성질의 것을 빼버리면 모든 사람이 지닐 수 있는 일반적인 인간들의 내면성이다. 그런데 공표해야 할 성질의 것은 그것을 숨기면 죄가 되고, 공표하는 것이 곧 의무에 속하는 것이므로, 나로서는 나 자신이 그런 일을 하기에 적격자라고 주장한다.

다른 하나의 이유는 단지 나라고 하는 개인적인 인간에 관계되는 것을 어느 누구에게도 강요할 생각이 없기 때문이다(또 내가 그렇게 하기를 원하는 사람은 아무도 없을 것이다) – 물론 나 개인에 관한 것 중에는 저술가로서의 나의 활동을 설명해 주기에 족한 것들도 적지 않을 것이다.

제1부

전체 저술활동*에 있어서의 양의성 혹은 이중성

저자는 심미적인 저술가인가, 종교적인 저술가인가에 관해서

그러므로 그러한 이중성二重性이 처음부터 마지막까지 존재하였다는 사실을 여기서 밝혀두고자 한다. 따라서 이것은 어떤 다른 사람이 그럴듯한 이중성을 발견했을 때, 당사자가 그런 것은 존재하지 않는다고 증명할 의무가 있는 그런 평범한 경우의 이중성의 문제와는 다르다. 결코 그렇지가 않을 뿐만 아니라, 그와는

* 여러 저서의 이름을 쉽게 알아볼 수 있도록 여기에 언급해 둔다. 제1군(심미적인 저서)에 속하는 것으로는 『이것이냐 / 저것이냐』, 『공포와 전율』, 『반복』, 『불안의 개념』, 『서문집序文集』, 『철학적 단편』, 『인생길의 여러 단계』, 이것들 외에도 차례로 발간된 18편의 건덕적인 강화講話가 있다. 제2군에 속하는 것으로는 『결론으로서의 비학문적인 후서後書』가 있다. 제3군(종교적인 저서)에 속하는 것으로는 『여러 가지 정신에 있어서의 건덕적인 강화』, 『사랑의 역사』, 『그리스도교의 훈련』이 있고, 이것들 외에도 심미적인 소논문인 「위기 및 한 여배우의 생애에 있어서의 하나의 위기」가 있다.

완전히 반대다.

독자가 충분히 이런 이중성을 통찰하고 있지 못한다면, 사실상 그런 이중성이 있다는 사실을 되도록 분명히 입증해 주는 것이 저자의 소임이다. 이른바 양의성兩義性이니 이중성이니 하는 것은 저자가 의식적으로 한 소행이므로, 저자 자신이 다른 누구보다도 더 잘 알고 있다. 그것은 저자의 전체 저술활동의 본질적이면서도 변증법적인 특색이고, 따라서 거기에는 나름대로 깊은 이유가 있다.

그렇지만 과연 사실이 그럴까? 과연 그렇게도 철저한 이중성이라는 것이 존재할 수 있을까? 그런 현상을 다른 방법으로서 설명할 수 없을까? – 예컨대 저자는 처음에는 심미적인 저술가였으나, 세월이 흐름에 따라서 변화하여 종교적인 저술가가 되었다는 식으로 말이다. 만일 실상이 그랬더라면, 저자는 이와 같은 책을 쓰지도 않았을 것이고, 또 저자가 전체 저서를 전망하는 시도를 하였을 리가 만무하였고, 더구나 공교롭게도 자신의 처녀작의 재판再版과 때를 같이하는 순간을 택해서 책을 출판할 생각을 하였을 리가 만무하다. 또 그런 변화가 불과 몇 년 사이에 일어났다면 그것은 이상한 일이 아니냐는 말도 길게 늘어놓고 싶지 않다.

애당초는 심미적인 저술가였지만 후에 종교적인 저술가가 된 그런 경우라면, 대개 그 동안에 상당한 세월이 흐르는 것이 상례이고, 그래야만 그가 실제로 상당히 늙었기 때문에 그런 변화가 일어났다고 하는 설명도 수긍이 갈 것이다.

그러나 나는 그런 문제에 관해서 장황하게 논하고 싶지가 않다. 왜냐하면 그런 일 자체가 이상한 일이고, 설명이 될 수가 없고, 또 설혹 어떤 사람이 다른 어떤 설명을 모색한다고 해도, 그렇다고 하더라도 그런 변화가 불과 3년이란 시간 동안에 일어난다는 것은 절대 불가능할 것이기 때문이다.

이제 나는 오히려 현상을 그런 식으로 설명한다는 것은 불가능하다는 사실을 보여주려고 한다. 엄밀히 살펴보면 변화가 일어나기까지 3년이라는 세월이 흐른 것이 아니라, 변화는 시초부터, 즉 이중성은 애당초 출발점에서부터 존재하였다는 사실을 알 수 있을 것이다. 왜냐하면 『두 개의 건덕적인 강화』가 『이것이냐 / 저것이냐』와 거의 동시에 나왔기 때문이다.

깊은 의미에서의 이중성, 즉 저술활동 전체를 통해서 본 이중성은 당시의 평과 같이 『이것이냐 / 저것이냐』의 제1부와 제2부 사이에 대조적으로 제시된 그런 이중성이 아니다. 천만에, 내가 말하는 이중성은 『이것이냐 / 저것이냐』와 『두 개의 건덕적인 강화』를 비교해 볼 때 찾아볼 수 있는 바로 그 이중성이다.

종교적인 것은 애당초부터 현존하고 있었다. 거꾸로 말하면,

심미적인 것은 마지막 순간에 다시 모습을 나타낸다. 2년 동안 오로지 종교적인 저술만을 출판한 후, 심미적인 소논문*이 뒤따른다. 이로써 결국 어떤 심미적인 저술가가 세월이 흘러감에 따라 변화하여 종교적인 저술가가 되었다는 현상에 대한 설명이란 불가능하다는 것이 입증되었다.

『두 개의 건덕적인 강화』가 『이것이냐 / 저것이냐』가 나온 지 2, 3개월 만에 나왔던 것과 마찬가지로** 2년 동안이나 순전히 종교적인 저술만 쓰고 나서 2, 3개월 사이에 그 심미적인 소논문이 나온 것이다. 『두 개의 건덕적인 강화』와 그 소논문은 서로 상반되는 입장으로 상응하고 있어서, 이중성이 처음에나 나중에나 존재하고 있다는 사실을 거꾸로 증명해 준다.

비록 『이것이냐 / 저것이냐』는 일반의 주의를 끌었음에도 불구하고, 『두 개의 건덕적인 강화』에는 아무도 주목하지 않았지만, 이 책은 건덕적인 것이야말로 표면에 나와야만 한다는 사실과, 저자는 자신으로서는 결코 심미적인 저술을 한 일이 없는 종교적인 저술가이고, 따라서 모든 심미적인 저술에는 가명假名을 사용하였지만, 반대로 『두 개의 건덕적인 강화』에는 마기스터 키에르케고어Magister Kierkegaard의 저서라는 것을 밝혔음을 보여주

* 「위기 및 한 여배우의 생애에 있어서의 하나의 위기」, 잡지 『조국』에 게재. 1848년 7월.

** 『이것이냐 / 저것이냐』는 1843년 2월에, 그리고 『두 개의 건덕적인 강화』는 같은 해 5월에 나왔다.

고 있다.

그 후 이전과는 반대로 2년 동안 내놓은 순수한 건덕적인 저술들이 세인의 주목을 끌었지만, 아마도 저자의 전체 저술활동의 변증법적인 구조가 완성되었음을 말해주는 그 소논문(「위기 및 한 여배우의 생애에 있어서의 하나의 위기」)의 의의를 깊은 의미에서 간파한 사람은 아무도 없을 것이다.

그 소논문이야말로, 처음에는 심미적인 저술가였던 저자가 후에 변화하여 결국 종교적인 저술가가 되었다는 식으로 현상現象을 설명하는 것을(마치 처음에 『두 개의 건덕적인 강화』가 그러했듯이) 끝내는 불가능하게 하는 대질을 위한 증거물의 구실을 하고 있다. 왜냐하면 저자는 애초부터 종교적인 저술가였지만, 최후의 순간에 이르러서까지 심미적인 저술활동에 종사하는 듯이 보이기 때문이다.

나의 저술의 제1군은 심미적인 저술들이고, 마지막 것들은 거의 종교적인 저술들이다. 이 둘 사이에 『결론으로서의 비학문적인 후서』가 전환점轉換點으로 가로놓여 있다. 이 저술은 저자의 전체 저술활동의 목적인, 어떻게 그리스도인이 되는가 하는 '문제'를 제시하여 다루고 있다.

『후서』는 가명으로 출판된 저서와 18개의 건덕적인 강화를 한결같이 염두에 두고, 이 모든 저술들이 모두 이 '문제'를 해명하기 위해 이바지하고 있음을 밝혀주고 있다. 물론 그렇다고 해서 앞선 저술의 목적이 바로 거기에 있다는 말은 아니다. 그도 그럴 것이 자신의 것이 아닌 저술의 목적에 관해서 아무것도 알 수가 없는 제3자인 가명의 인물이 그런 목적을 알 까닭이 없기 때문이다.

『결론으로서의 비학문적인 후서』는 어떤 심미적인 저서도 아니거니와, 또 엄밀한 의미에서의 종교적인 저서도 아니다. 그러므로 비록 이 책이 가명으로 나오긴 하였지만, 나는 나의 이름을 편집자로 첨부하였다 – 나는 일찍이 어떤 심미적인 저서에도 이런 일을 한 일이 없다.* 이런 일은 그런 일에 관심과 통찰력을 가지고 있는 사람들에 대한 하나의 암시다.

이어서 모두 나의 이름이 들어 있는 종교적인 저술들만 나온 지 2년이라는 세월이 흘렀다. 가명을 쓴 시기는 지났고, 종교적인 저자는 심미적인 가면을 벗어버렸다 – 그러면서도 증거를 남기기 위해서, 또 만일을 위해서 그 심미적인 소논문에다 인테르 엣 인테르Inter et Inter**라는 가명을 붙였다. 이 논문은 이를테면 단번

* 『두 세대世代』의 문학평론도 예외는 아니다. 왜냐하면 한편으로는 그것이 시적詩的 창작이라는 의미에서 심미적이 아니고 비판적이기 때문이고, 또 한편으로는 그것이 '현대'에 대한 해석에 있어서 전적으로 종교적인 배경을 갖고 있기 때문이다.

** 「위기 및 한 여배우의 생애에 있어서의 하나의 위기」의 가명의 저자.

에 전체 저술활동을 깨닫게 하기 위해 계산된 것이었다. 또 앞서도 언급한 대로 그것은 『두 개의 건덕적인 강화』를 상기하게 하고 있다.

저자가 종교적인 저술가이고, 또 과거에도 그랬다는 사실에 대한 설명

이에 대해서는 저자 자신의 보증만으로도 충분하다고 생각할 수 있을지 모른다. 왜냐하면 저자야말로 사실의 내용을 가장 확실히 알고 있기 때문이다. 그렇지만 나는 나 자신이 문학작품에 관한 한 보증이라는 것에 그다지 신빙성을 두고 있지 않고, 나 자신의 저술에 관해서는 전적으로 객관적인 견해를 지니려고 한다.

내가 말하는 것이 사실이고, 그렇지 않을 수 없다는 사실을 제3자인 한 사람의 독자의 입장에서 나의 저서를 통하여 입증할 수 없다면, 이미 내가 나의 손에서 떠난 것으로 간주하고 있는 것을 다시금 입수하려고 마음을 먹었을 리가 없다. 만일 내가 처음부터 저술가로서 증거를 내세우는 짓을 했다면, 나는 처음부터 마지막까지 변증법적인 것인 나의 저서 전체를 쉽사리 엉망으로 만들었을 것이다. 그러므로 나는 어떤 보증도 제시할 수 없다 – 적어도 다른 방법으로 내가 분명하게 설명한 결과, 기대하였던 종류의 보증이 전적으로 무용지물이 될 때까지는 말이다. 이런 일이 성취되었을 때는, 보증이란 내가 보증하고자 하는 충동을 느꼈을 경우에 그것은 하나의 서정적인 만족으로 용납될 것이고, 또 그것은 종교적인 의무로서 요청될 것이다.

인간으로서는 보증하는 것이 나의 권리이고, 또 보증하는 것이 나의 종교적인 의무일지도 모른다. 그러나 이런 일이란 저술가로 존재한다는 것과 혼돈해서는 안 된다. 인간으로서 내가 이러저러한 것을 의도하였다고 보증하는 것은 저술가로서는 그다지 도움이 되지 않는다. 그러나 어떤 현상에 관해서 다른 어떤 방법으로도 설명이 불가능하지만, 어떤 특수한 방법으로는 구석구석 소상하게 설명이 가능하다거나 혹은 그 설명은 모든 점에서 부합된다고 하는 것을 보여줄 수만 있다면, 어느 누구를 막론하고 그 설명의 정확성이 유례없이 분명하게 실증되었다는 사실을 인정할 것이다.

그러나 이 점에 모순이 있는 것이 아닐까? 앞의 장章에서 양의성兩義性이 최후까지 존재하고 있었다는 것이 입증되었지만, 그것이 성공적으로 입증되었을 경우에는 어떤 식으로 해석을 해야

하는 것인지를 입증하기란 불가능해진다.

그러므로 이런 경우에는 설명이나 보증이 변증법적인 긴장이나 매듭을 푸는 유일한 수단으로 간주될 것이다. 이런 추론推論이 그럴듯하게 보일지는 몰라도, 사실 그것은 궤변에 불과하다. 궤변적인 인간이 어떤 우연한 일에 봉착하여 어떤 속임수를 써야 할 필요성을 느꼈다고 하자. 그러면 그는 그런 궤변 때문에 자기 자신이 그 궤변에서 빠져나갈 수가 없다는 우스운 상황에 빠지게 되는 것은 지극히 자명한 일이다. 그러나 또 이렇게 되는 것은 그가 궤변을 목적을 위하여 사용하지 않고 궤변을 위한 궤변에 빠져 들어가는 그의 진지성의 결여 때문이기도 하다.

그러므로 속임수, 즉 변증법적인 이중성이 진지한 목적에 이바지하기 위해서라면 단지 오해나 졸속한 이해를 미연에 방지하기 위한 수단으로서도 사용될 수 있을 것이다. 그러나 반면에 진정한 설명을 항상 진지하게 탐구하는 사람만이 손쉽게 찾을 수 있다.

최고의 예를 들어보기로 하자. 지상에서의 그리스도의 생애 전체는, 만일 그분이 그야말로 생애를 통하여 전혀 알려지지 않은 채로 보내셨을 정도로 철저하게 미행微行으로 일관하셨다면, 그것은 단순한 장난에 불과하였을 것이다 – 그러나 그분은 진정한 의미에서 미행으로 세상을 보내셨던 것이다.

변증법적인 이중성의 경우도 그와 같다. 양의성이 유지되고 있다는 바로 그것이 변증법적인 이중성의 특징인 것이다. 필요한 진지성이 이중성을 포획하는 순간, 그 진지성은 그 이중성을 해소시킬 수 있다. 그러나 언제나 진지성 그 자체가 그 자신의 정당성을 보증하는 한에서만 그렇다. 예컨대 여인의 수줍음이란 진정 사랑하는 사람에게만 관계하는 것이므로, 그가 나타나면 그것을 버린다.

이와 마찬가지로 변증법적인 이중성도 역시 진정한 진지성에만 관계한다. 그러므로 덜 진지한 자에게는 그 설명을 들려줄 수가 없다. 왜냐하면 변증법적인 이중성의 신축자재력伸縮自在力이란 것은 그런 인간이 포착하기에는 너무나도 크기 때문이다. 요컨대 그 신축자재력은 언제나 그에게서 다시금 설명을 빼앗아버리고, 결국은 그것으로 설명이 되는 것일까 하는 식으로 그에게 의심을 품게 만든다.

그러면 시험해 보기로 하자. 가령 그것이 심미적인 저자가 쓴 것이라고 가정하고, 이 문학작품 전체를 설명하려고 해보자. 그러면 이 설명이 처음부터 어울리지 않을 뿐만 아니라, 『두 개의 건덕적인 강화』에 부딪치면 곧 깨져버린다는 사실을 쉽게 알 수 있을 것이다. 반대로 만일 그것이 종교적인 저술가의 것이라고 가정하고 살펴본다면, 한 단계 한 단계에서 그 가정이 모든 점에서 부합된다는 것을 알게 될 것이다.

한 가지 설명이 되지 않는 점이 남는다면, 그것은 어떻게 종교적인 저술가가 그런 식으로 심미적인 것들을 이용하려는 생각을 할 수가 있었을까 하는 점이다. 이렇게 되면 우리는 다시금 양의성 혹은 변증법적인 이중성과 직면하게 된다.

이제 하나 다른 점이 있다면 그의 존재는 종교적인 저술가라고 하는 전제가 확고부동하다는 점뿐이다. 그러면 그것이 그 양의성을 설명해 줄 것이다. 이런 일을 제3자가 감히 해낼 수 있을지 어떨지에 관해서 나로서는 왈가왈부하지 않으련다. 이 책 제2부의 내용 전체가 그 설명을 내포하고 있다.

이제는 한 가지 일만이 더 남아 있다. 한 가지 일, 그것은 앞서도 말한 바와 같이 인간으로서의 나에게는 서정적인 만족감을 주는 것이고, 또 동시에 인간으로서 나의 종교적인 의무이기도 한 것이다. 그것은 곧 저자는 현재도 그렇거니와 과거에도 종교적인 저술가였다는 사실을 직접적으로 보증하는 일이다.

내가 『이것이냐 / 저것이냐』를 쓰기 시작하였을 때, 나는 마음속 깊은 곳에 내가 일찍이 경험해 보지 못하였던 종교적인 영향을 받고 있었다(『이것이냐 / 저것이냐』는 문자 그대로 단지 한 페이지 정도만이, 즉 「디아프살마타」의 몇 편만이 미리 쓰여 있었고, 나머지 전부는 11개월 동안에 썼고, 제2부를 먼저 썼다).

나는 하도 심각하게 뒤흔들렸기 때문에, 대부분의 사람들이 그들의 삶을 보내고 있는 안락하고 안정된 중용의 길을 걷기란 불가능하다는 것을 완전히 알게 되었다. 나는 나 자신이 파멸과 음탕 속으로 뛰어들든가 아니면 단호하게 종교적인 것을 유일한 것으로 선택하든가 해야만 하였다 – 즉, 무시무시하게 생각되는 이 세상 아니면 수도원을 택해야만 하였다.

내가 후자를 택하기로 했고 또 택할 수밖에 없었던 것은 근본적으로 이미 정해진 숙명이었다. 내가 전자에 속하는 생활에 지나치게 빠져 들어간 것도 사실은 후자의 영향이 얼마나 극심하였는가를 말해주는 표시에 불과하다.

요컨대 그것은 단지 어느 정도까지만 종교적이 된다는 것이 나에게는 불가능하다는 것을 내가 철저하게 깨우치게 되었다는 사실을 말해주고 있다. 『이것이냐 / 저것이냐』가 그것을 말해주고 있다. 그것은 하나의 시적詩的인 배설排泄이었다. 그러나 그것은 윤리적인 것 이상으로는 더 나아가지 못하였다. 종교적으로는 이미 수도원 속에 들어가 있던 나는, 삶을 개인적으로 나 자신만을 위하여 안온하게 결혼 생활 쪽으로 되돌릴 생각은 추호도 없었다. 나는 그 사상을 빅토르 에레미타라는 가명의 인물 속에 숨겨두었다.

상황은 이상과 같았다. 엄밀하게 말해서, 『이것이냐 / 저것이냐』는 수도원에서 쓰인 것이라 하겠다. 나는 독자에게 보증할 수 있다(이 보증은 각별히, 만일 이 책이 그의 눈에 띄는 기회가 있다면, 나의 이런 작품을 통찰할 능력과 기회를 갖지 못하고 있으면서도, 단지 나의 저술들 속에 깃들어 있는 종교적인 것과 심미적인 것의 야릇한 혼합에 시달리고 있는 독자를 위해 제공한다).

나는 독자에게 다음과 같은 사실을 보장한다 – 즉, 『이것이냐 / 저것이냐』의 저자는 규칙적으로, 그리고 수도원에서와 같이 정확하게 매일 일정한 시간을 저자 자신을 위하여 건덕적인 서적들을 읽는 데 바쳤고, 또 두려움에 못 이겨 매우 떨며 저자는 자신의 책임에 관해서 깊이 반성하였다는 사실을 보증한다. 무엇보다도 나는 「유혹자의 일기」가 가장 마음에 걸렸다(이 얼마나 놀라운 일인가!). 그런데 이어서 어떤 일이 일어났을까? 이 책이 대대적인 성공을 거둔 것이다 – 특히 「유혹자의 일기」가 말이다(이 얼마나 놀라운 일인가!). 세상은 엄청날 정도로 그 칭찬이 자자한 저자를 쌍수를 들어 맞이하였다. 그러나 이런 일련의 일도 나를 '유혹'하지는 못하였다. 왜냐하면 나는 그런 유혹에 넘어가기에는 너무나도 늙은 영원의 사람이었기 때문이다.

이어서 『두 개의 건덕적인 강화』가 나왔다. 가장 결정적인 중요성을 지닌 일들이 흔히 매우 하찮은 것으로 보이는 수가 있다. 두툼한 저서인 『이것이냐 / 저것이냐』는 '많이 읽혔고, 논란도 많았다.' 이어서 나온 것이 나의 생일(5월 5일)에 출판되어 돌아가신 부친에게 바친 『두 개의 건덕적인 강화』다. 이 책은 '그것이 지닌 아름다움이나 향기나 약으로서의 효험 때문에 찾아 헤매는 일이 전혀 없는, 이를테면 커다란 숲속에 숨겨진 한 떨기 작은 꽃'*이라 하겠다.

이 『두 개의 건덕적인 강화』는 아무도 진지하게 유의하지 않았고, 또 관심도 갖지 않았다. 실제로 나의 친구 중의 한 사람은, 내가 쓴 것이기 때문에 필시 재치와 기지가 넘쳐 있는 것일 거라고 꽉 믿고 가서 샀다고 내게 와서 불평을 한 사실을 나는 기억하고 있다. 그때 나는 그대가 원한다면 그 돈을 돌려주겠다고 그에게 약속한 사실도 기억하고 있다.

나는 나의 왼손으로 세상에 『이것이냐 / 저것이냐』를 내밀고, 나의 오른손으로는 『두 개의 건덕적인 강화』를 내밀었지만, 모든 사람들은 혹은 대부분의 사람들은, 내가 왼손으로 내밀고 있는 것을 그들의 오른손으로 붙잡았다.**

나는 내가 무엇을 해야 하는가에 관해서는 이미 하느님 앞에서 결심한 바 있다. 즉, 나는 나의 일을 『두 개의 건덕적인 강화』

* 『두 개의 건덕적인 강화』의 서문을 참조하라.

** 『두 개의 건덕적인 강화』의 서문을 참조하라. '이 책은 왼손으로 내미는 것을 오른손으로 받는 그런 나의 독자를 찾고 있다.'

에 걸었다. 그러나 나는 이런 일은 지극히 소수의 사람들만이 이해하고 있다는 사실을 잘 알고 있었다.*

이리하여 저 외톨이, '내가 기쁨과 감사한 마음으로 나의 독자라고 부르는 저 외톨이'라는 범주範疇가 비로소 처음으로 탄생하였다. 틀에 박힌 문구로 된 이 범주는 모든 건덕적인 강화집의 서문에서 되풀이되고 있다. 아무도 내가 변했다, 혹은 어쩌면 내가 막바지에 이르러 공중公衆의 총애를 받지 못하였기 때문에 내가 이 문제를 이전과는 달리 생각하게 되었다고 하여, 모든 책임을 나에게로 돌릴 수는 없을 것이다. 절대 그럴 수가 없다. 만일 내가 일찍이 공중의 총애를 받았다면, 그것은 고작해야 『이것이냐 / 저것이냐』가 출간된 지 2, 3개월 동안 정도이고, 또 2, 3개월 동안 한창 그랬다. 그러므로 바로 이런 상황이야말로, 많은 사람들에게는 하나의 유혹이 될 수도 있는 상황일 수 있겠지만, 나로서는 그것이 내가 나의 위치를 주장하기 위해서는 절호의 기

---

* 그 서문의 슬픈 어조는 여기에서 유래한다. 그 서문에서는 이 작은 책에 관해서 다음과 같이 언급되고 있다 – '출판된다는 것은, 비유해서 말한다면, 이를테면 나그넷길을 떠나는 것이라고 할 수 있으므로, 나의 눈은 잠시 동안 그의 뒤를 따른다. 그때 나는 그가 쓸쓸한 길을 따라, 혹은 왕래가 많은 길을 따라 어떻게 자신의 길을 가고 있는가를 보았다. 우연히 닮았기 때문에 속아서 그랬는지는 몰라도, 한두 번 약간의 오인誤認을 저지른 뒤에, 그는 이윽고 내가 기쁨과 감사하는 마음으로 나의 독자라고 부르고 있는 그가 찾고 있던 저 외톨이를 만나서, 이를테면 자신의 팔을 그에게 벌렸다' 등(『두 개의 건덕적인 강화』의 서문 참조). 무릇 이 최초의 서문은 나에게는, 당시에 있어서나 지금에 있어서나 매우 친근하고 각별한 의의를 가지고 있기 때문에 나로서는 그것을 전달하기가 거의 불가능하다.

회라고 간주하였기 때문에, 진리에 이바지하기 위하여 '저 외톨이'*라는 나의 범주를 소개하는 일에 이용하였다. 그때 나는 공중과 작별한 것이다.

그렇게 한 것은 자만심이나, 거만심이나, 그 밖의 어떤 이유 때문이 아니라(하물며 그 무렵 나에 대한 공중의 평이 나빴던 탓도 아니고, 오히려 평은 극히 좋았다), 나는 내가 종교적인 저술가이고, 그런 한에 있어서 '저 외톨이'('공중'과는 반대의 존재인 '저 외톨이')와 관계해야 한다고 생각하고 있었기 때문이다. 이 외톨이라는 사상 속에는 인생관과 세계관 전부가 내포되어 있다.

그 후, 즉 『공포와 전율』이 출판된 무렵부터 종교적인 것에 날카로운 눈을 가지고 있는 저 진지한 관찰자와, 멀리 떨어져 있으면서도 이해해 줄 수가 있고, 침묵을 지키면서도 말할 수 있는(가명의 인물인 '침묵의 요하네스') 저 진지한 관찰자는, 그것이 결국 하나의 독특한 심미적인 작품이었다는 사실을 식별할 위치에 있었을 것이다. 특히나 존경하는 뮌스터 감독께서 자신의 서명을 써서 이 점을 정당하게 강조해 주신 것은 나의 크나큰 기쁨이 아닐 수 없었다.

---

* 키에르케고어는 '저 외톨이'라는 말을 통하여 마음속으로 그의 애인인 레기네에게 호소하고 있는 것이다.

제2부

저자는 종교적인 저술가라는 관점에서 전체 저술활동을 해명한다

전체 저술활동에 대하여

1. 심미적인 저술에 대하여

왜 심미적인 저술로 시작했는가,
혹은 전체적인 관계에서 보아 이것은 무엇을 의미하는가?*

1) "그리스도 교계教界"는 엄청난 착각에 불과하다는 사실

그리스도교계라고 불리는 것과 이른바 그리스도교국教國 안에서 벌어지고 있는 제반 상황을 진지하게 깊이 생각하는 약간

* 나의 전체 저술 뒤에 숨은 사실은, 어떻게 그리스도인이 되는가 하는 것이었다는 사실을 항상 염두에 간직하시기를 나는 나의 친애하는 독자들에게 진심으로 단호하게 간구하는 바이다.

의 관찰력을 구비한 사람이라면 누구나 틀림없이 깊은 의아심을 가지고 추궁할 것이다 – 이 수천수만을 헤아리는 인간들이 모두 당연하다는 듯이 자기 자신을 그리스도인이라고 부르고 있으니, 이것이 어찌된 일인가 하고.

이 허다한 인간들, 그들의 대부분은 우리의 판단으로도 그리스도교와는 전혀 무관한 범주 속에서 살고 있다. 누구라도 조금만 눈여겨보면 그렇다는 것을 확신할 수 있을 것이다. 어쩌면 한 번도 교회에 가본 일이 없는 족속들, 일찍이 하느님을 생각해 본 적도 없고, 또 선서를 할 때 이외에는 하느님의 이름을 입에 담아본 적도 없는 족속들! 자신들이 하느님에 대해서 어떤 의무를 가지고 있다고는 꿈에도 생각해 본 일이 없는 족속들, 고작해야 형법상 법을 어긴 일이 없으니 죄가 없다고 생각하고 있거나, 그런 것조차 생각할 필요가 전혀 없다고 하는 족속들! 하느님 따위는 존재하지 않는다고 주장한 자들까지도 포함한 이런 모든 족속들, 이들 모두가 그리스도인이고, 그리스도인을 자칭하고, 국가로부터 그리스도인으로 인정받고, 그리스도인으로서 교회에 의해서 매장되고, 그리스도인으로서 영원히 보장된다.

이런 상황의 밑바닥에는 무서운 혼란과 놀라운 착각이 숨어 있음에 틀림이 없다는 사실은 이제 아무도 의심할 여지가 없다. 그러나 그런 문제를 가지고 흥분하다니! 그렇다. 반대론이 있는 것쯤은 나도 잘 알고 있다. 내가 생각하고 있는 것이 무엇인지를 잘 알고 있는 사람들이 있을 것이지만, 그들은 친절을 베푼답시고 나의 등을 두드리며 다음과 같이 말할 것이다.

"친구여, 그대는 그런 시도를 하기에는 아직은 너무 젊었어. 그런 시도가 얼마만큼의 성공을 거둘 수 있으려면 적어도 잘 훈련된 선교사 반 타스 정도는 필요할 것일세. 그런 시도란 결국 그리스도교계에다 그리스도교를 재도입하려는 것과 다를 바가 없어. 그러니 말일세, 친구여. 우리 서로 평범한 인간으로 살지. 그런 시도는 그대나 나에게는 힘겨운 일이야. 그런 일은 '대중'을 개조하려는 것과 마찬가지로 미치광이 같은 야망이야. 지각 있는 사람이라면 그런 일에는 손을 대지 않지. 그런 일에 손을 대면 파멸을 면할 길이 없어."

그럴지도 모른다. 그러나 파멸이 확실하다고 하더라도, 이런 반대가 그리스도교로부터 나온 것이 아니라는 사실도 역시 확실하다. 왜냐하면 그리스도교가 이 세상에 왔을 때, 그리스도교를 전파하는 것은 보다 결정적으로 확실한 파멸을 의미하였기 때문이다. 그러나 그럼에도 불구하고 그리스도교의 전파는 감행되었던 것이다.

또 그런 반대론을 소크라테스로부터 배운 것이 아니라는 사실도 역시 확실하다. 왜냐하면 소크라테스는 '대중' 을 상대로 하였고, 대중을 개조하려고 하였으니까 말이다.

상황은 대충 이상과 같다.

목사는 때로는 설교단 위에서 그런 모든 그리스도인은 돼먹지 않았다고 거품을 뿜으며 고래고래 야단을 친다 – 그러나 그의 말을 듣고 있는 사람은 모두가 그리스도인이고, 또 그가 거론하고 있는 족속들은 거기에 나와 있지 않다. 이런 일은 가공적인 감정의 노출이라고나 하면 가장 어울릴 것이다.

때로는 종교적인 열성분자*가 나타나기도 한다. 그는 그리스도교계를 공격한다. 그는 고래고래 소리를 지르며 거의 모두가 그리스도인이 아니라고 외친다 – 그런데도 아무런 일도 성취하지 못한다. 그는 착각이란 것이 그렇게 쉽사리 쳐부술 수 있는 것이 아니라는 사실을 모르고 있다.

그런데 이제 대부분의 사람들이, 자신들이 그리스도인이라고 하는 망상에 사로잡혀 있다고 한다면, 도대체 그들은 그런 열성

* 그룬트비Nikolai Frederik Severin Grundtvig를 가리킨다. 그는 시인이고 신학자고 역사가인 동시에 열렬한 교회 개혁주의자였다. 키에르케고어의 형인 페터는 그룬트비의 열성적인 추종자였으나, 동생인 그는 그룬트비에 대하여 비판적이었다.

분자를 상대로 자신들을 어떻게 방어할까?

우선 그들은 그를 전적으로 무시한다. 그들은 그가 쓴 책을 거들떠보지도 않고, 즉석에서 옆으로 밀어내 버린다. 혹은 또 만일 그가 생명에 넘친 말을 하게 되면 그들은 발길을 다른 골목으로 돌리고 그의 말을 들으려 하지 않는다.

다음 단계로 그들은 전체적인 개념을 꼬치꼬치 따지며 그를 엉뚱한 길로 유괴하고, 자신들은 마음 놓고 자신들이 지닌 착각 속에 도사리고 있다. 그들은 그를 광신자로 만들고, 그의 그리스도교는 과장된 것이라고 말한다 – 끝내 그들은 그를 진지한 그리스도인이 아닌 단 하나의 인간이든가 아니면 그런 소수의 인간들 중의 한 사람이라고 낙인을 찍는다(왜냐하면 과장을 한다는 것은 곧 진지성의 결핍을 말하는 것이니까). 그러면 나머지 사람들은 모두가 진지한 그리스도인이 되는 셈이다.

그렇다. 착각이란 결코 직접적으로는 타파할 수 없는 것이고, 오로지 간접적인 수단으로써만 근본적으로 제거할 수 있다. 만일 누구나가 모두 다 그리스도인이라고 하는 것이 하나의 착각이고 – 또 만일 그런 착각에 대해서는 모종의 대책을 세워야만 한다면, 그런 일이란 고래고래 소리 높여 자신이야말로 비상한 그리스도인이라고 선언하는 인간을 통해서가 아니라, 빈틈없는 훈련을 받았으면서도 자신은 전혀 그리스도인이 아니라고 선언할 용의가 되어 있는 인간을 통하여 간접적으로 수행되어야만 한다.*

즉, 착각에 사로잡혀 있는 인간에게는 그의 배후로부터 접근해야만 한다. 나야말로 찾아보기 드문 그리스도인이라고 하는 특권을 누릴 생각을 말고, 착각에 사로잡혀 있는 인간으로 하여금 그의 그리스도인으로서의 특권을 누리게 하고, 자신은 그보다 훨씬 뒤떨어진 인간으로 행세해야 한다. 그렇지 않고서는 도저히 그를 그의 착각에서 구출해낼 수가 없을 것이다. 그런 일이란 이래저래 애를 먹이는 일이다.

내가 추측한 대로, 그리스도교계에 있어서는 대개의 사람들이 자신들은 그리스도인이라고 망상하고 있다면, 그들은 과연 어떤 범주 속에서 살고 있는 것일까?

그들은 심미적인 혹은 고작해야 심미적 · 윤리적인 범주 속에서 살고 있다.

그러므로 어떤 종교적인 저술가가 그리스도교계라고 하는 이 착각의 정체를 근원적으로 파악하고, 자신의 힘이 미치는 한 전력을 다하여(물론 하느님의 도움을 받아서) 그 착각을 공격하려고 결심하였다고 한다면, 그때 그는 과연 어떤 일을 해야 할 것일까?

---

* 여러분은 『결론으로서의 비학문적인 후서』를 상기해 주기 바란다. 그 책의 저자인 요하네스 클리마쿠스는 공공연히 자신은 그리스도인이 아니라고 선언한다.

우선 인내심을 잃어서는 안 된다. 그렇다. 인내심을 잃고 조급해지면 다짜고짜 그것에 달려들게 되고, 그렇게 되면 아무것도 성취하지 못한다.

직접적인 공격은 착각에 빠져 있는 인간에게 힘을 더해줄 뿐이고, 동시에 그를 화나게 한다. 착각을 제거하려면 착각을 부드럽게 다루는 것 외에 달리 길이 없다. 만일 어떤 일이 착각에 사로잡힌 사람의 반발을 사게끔 유도하게 되면 일은 끝장이 난다. 직접적인 공격은 그런 결과를 초래하기가 십상이다. 뿐만 아니라 직접적인 공격이란 은연중에 상대방에게 그대는 어느 누구에게 혹은 자기 앞에서 고백을 하라고 강요하는 것이나 다름이 없는 일이다.

고백이란 원래가 당사자가 은밀하게 해야만 효과가 있는 법이다. 그렇게 만들기 위해서는 간접적인 방법을 써야만 한다. 간접적인 방법은 진리를 사랑하고 진리에 봉사하면서 착각에 사로잡힌 사람을 위하여 변증법적으로 일체의 준비를 마련해 놓고는, 착각에 사로잡힌 사람이 '이제까지 나는 착각 속에서 살아왔습니다' 하고, 홀로 하느님 앞에서 간증으로 고백할 수 있도록 아무도 눈치채지 못하게 그 자리에서 물러나야 한다(왜냐하면 사랑이란 언제나 아무도 눈치챌 수 없는 것이기 때문이다).

그러므로 종교적인 저술가는 먼저 사람들과 연계를 맺어야 한다. 즉, 그는 심미적인 성과물을 가지고 시작해야 한다. 이것은 계약금인 셈이다. 그 성과물이 훌륭하면 훌륭할수록 그에게는 유리하다.

다음으로 그는 자신自信을 가져야 하거나, 아니면(이것이야말로 유일한 안전보장이다) 두려움과 떨리는 마음으로 자신을 하느님과 관계시켜야만 한다. 그렇지 않으면 자기가 의도한 바와는 정반대되는 일이 일어나서, 혹을 떼기는커녕 혹을 붙이는 결과가 되어서, 급기야는 자기 자신의 심미적인 것마저 버리는 결과를 초래하고 만다. 그러므로 그는 일단 독자가 자기에게 말려들었다고 생각되자마자, 서둘 필요는 없지만 즉석에서 종교적인 것을 내놓을 수 있게끔 만반의 준비를 갖추어야만 한다. 그래야만 그들은 심미적인 것에 심취한 바로 그 순간에 종교적인 것을 접하기 위해 달려들 것이다.

중요한 일은 종교적인 것을 너무 빨리 내놓아도 안 되고, 너무 늦게 내놓아도 안 된다는 것이다. 시간이 너무 오래 경과하면 심미적인 저술가가 이제 늙어서 종교적인 저술가가 되었다고 하는 착각을 불러일으키게 된다. 또 너무 빠르면 충분한 효과를 거두지 못한다.

허다한 사람들이 자신들을 그리스도인이라고 부르고 또 그리스도인으로 간주하고 있는 엄청난 착각이 존재하고 있다고 해서, 앞서도 언급한 대로 이에 대처하는 방법에 비난이나 고발 따위가 내포되어서는 안 된다. 이것이야말로 진정 그리스도교가 발명해낸 것으로서 두려움과 떨리는 심정으로 해야만 하고, 진정한 자기부정을 통해서 해야만 한다.

돕겠다고 결심한 사람은 모든 책임을 감당하고 온갖 노력을 다하는 사람을 말한다. 그러나 바로 그런 까닭에 그런 행동노선은 본질적인 가치를 갖는다.

일반적으로 말할 때는, 방법이란 얻어진 결과 여하에 따라서만 가치를 지니게 된다. 누군가가 비난을 하고 고발을 하고 수군거리고 왁자지껄 떠든다 – 사람들은 이렇게 함으로써 많은 성과를 올린다고 생각할지 모르나, 그런 일련의 짓은 전혀 아무런 가치도 없다.

여기서 언급한 행동노선은 그와는 전혀 다르다.

어떤 사람이 자신을 이런 일에 바쳤고, 자신의 일생을 이런 일에 몰두하였으나, 그는 아무런 일도 성취하지 못했다고 가정하자. 그렇다고 해서 그는 결코 일생을 헛되이 산 것이 아니다. 왜냐하면 그의 생애는 진정한 자기부정이었기 때문이다.

2) 어떤 사람을 일정한 위치에까지 이끌어내는 일에
진정한 성공을 거두기 위해서는,
우선 그가 있는 곳에서 "그를" 찾아내려고 애쓰고,
거기에서부터 시작해야만 한다고 하는 사실

이것이 곧 다른 사람들을 도울 수 있는 비법이다. 이 비법을 터득하지 못한 사람이 다른 사람을 돕겠다고 한다면 그것은 망상이다. 효과적으로 남을 돕기 위해서는 내가 상대방보다 더 잘 알고 있어야만 한다. 그러나 우선은 상대방이 알고 있는 것을 내가 확실히 알고 있어야만 한다. 만일 내가 그것을 모른다면, 내가 상대방보다 더 잘 알고 있다는 것이 그에게 아무런 도움이 되지 못할 것이다.

그러나 만일 내가 그도 잘 알고 있는 것을 자랑하려고 든다면 그것은 허영심과 자만심 때문이고, 그렇게 되면 결국 그것은 까놓고 말해서 그를 돕자는 것이 아니고 내가 칭찬을 받기를 원해서 한 꼴이 된다.

남을 도우려는 모든 진정한 노력은 자기를 낮추는 일에서 시작된다. 돕는 자는 우선 자기가 돕고자 하는 상대방보다 낮은 자리에 서서 자기 자신을 낮추어야만 하고, 동시에 돕는다는 것은 지배하는 것이 아니라 봉사하는 것이라는 사실과 또 돕는다는 것은 야망에 불타는 것이 아니라 인내하는 것이라는 사실과 당분간은 옳지 않은 것은 자기며 상대가 알고 있는 것을 자기는 모른다고 하는 누명을 감내하는 일이라는 것을 이해해야만 한다.

여기에 몹시 화가 나 있는 사람이 있다고 하고, 사실 그에게 잘못이 있다고 가정해 보자.

만일 화가 난 그 사람이야말로 그대를 타일러야만 하겠다고 생각하게 함으로써 그와 대화를 시작하지 않고서는, 또 비록 하도 화가 나서 그대의 말은 한 마디도 듣지 않는다고 해도, 그대가 자기의 말을 고분고분 귀담아 들어주는 존재라는 것을 기꺼이 상대방이 인정하게끔 해 놓고 대화를 시작하지 않고서는 – 그대가 이런 일을 할 수 없다면 – 그대는 절대 상대방을 도울 수 없다.

혹은 또 사랑이 불행으로 끝난 어떤 애인의 경우를 생각해 보자. 그리고 그가 이성을 잃고 외람되게 그리스도인답지 않게 감정이 내키는 대로 행동하였다고 생각해 보자.

그런 경우에 상대방이 자신의 고뇌를 그대에게 털어놓음으로써 진정 마음이 후련해지고, 또 그대가 그의 고민에 대하여 황홀한 시적인 해석으로 그를 즐겁게 해주지 못한다면(물론 그대에게 그런 고민이 있을 리 없고, 단지 그대는 그를 그의 고민으로부터 구제해 주기를 원할 뿐이지만) 그대는 그와 대화를 시작할 수가 없다 – 만일 그대가 그런 일을 할 수 없다면 그대는 전혀 상대방을 도울 수가 없다. 그렇게 되면 상대방은 그대에게 자신의 마음의 문을 닫고 자기 자신 속에 깊숙이 죽치고 들어앉을 것이다 – 그때 그대가 할 수 있는 것은 고작해야 잔소리일 것이다. 어쩌면 그대는 그대의 인격적인 위력을 발휘하여 그의 잘못을 마지못해 고백하게 할 수 있을지도 모른다.

오호라! 이 어쩐 일인가. 다음 순간 그는 그가 더욱더 애타게 그리워하고 있는 그의 비밀스러운 정열(고민)과 만나기 위해 남들이 모르는 숨겨진 길을 따라 달려간다. 그러고는 그 정열의 매혹적인 불길이 꺼지지나 않을까 싶어 전전긍긍한다. 왜냐하면 그대는 이제 그대의 태도로써 그가 다시금 자신의 불행한 정열에 흠뻑 젖어버리도록 도왔기 때문이다 – 그러니 이제 그대가 할 수 있는 것은 고작해야 잔소리뿐이다.

그리스도인을 만들기 위해서도 바로 이런 식으로 해야 한다 – 만일 자칭 그리스도인이라는 허다한 사람들이 착각에 사로잡혀 있다고 가정한다면 말이다.

심미적인 것의 마력적인 매력을 부인해 보라 – 물론 때로는 그대가 사람들을 강압적으로 몰아내는 데 성공할 수도 있을 것이다. 그렇지만 어떤 결과를 초래할 것으로 생각하는가? 그렇게 한 결과로 그들은 남몰래 은밀한 정열을 불태우며 그것이 지닌 마력을 사랑하게 된다. 그렇다. 심미적인 것은 바깥으로 표출되게 해야 한다. 그러니 그대와 같이 진지하고 근엄한 사람이 만일 겸손할 수 없다면 그대는 참으로 진지한 사람이 아니라는 사실을 기억하라. 조용히 앉아서 귀를 기울이는 황홀한 청취자가 돼라. 그대가 황홀한 모습으로 귀를 기울이고 있기 때문에 상대방이 그대에게 말하는 일에 더욱 기쁨을 느끼게 되는 그런 청취자가 돼라.

그러나 무엇보다도 특히 한 가지만은 잊지 말라.

그대가 마음속에 간직한 목적, 즉 그대가 내놓아야만 하는 것이 종교적인 것이라는 사실 말이다. 그대에게 그럴 수 있는 능력만 있다면, 온갖 매력적인 마력을 다 동원하여 심미적인 것을 제공하고, 가능하다면 상대방을 사로잡아라. 상대방에게 꼭 어울리는 종류의 정열을 동원하여 심미적인 것을 제공하라. 분방한 사람에게는 분방하게, 우수憂愁에 찬 사람에게는 우수에 찬 가락으로, 기지가 넘친 사람에게는 발랄한 기지로 말이다.

그러나 무엇보다도 특히 한 가지 일만은 잊지 말라. 그대가 내놓아야만 하는 목적이 곧 종교적인 것이라는 사실 말이다. 온갖 수단을 다 동원하여 이 일을 수행하라. 그 일을 하는 데 두려워하지 말라. 왜냐하면 그런 일이란 두려움과 떨리는 마음이 없이는 해낼 수 없기 때문이다.

만일 그대가 그 일을 해낼 수 있다면, 만일 그대가 상대방이 있는 장소와 일을 시작해야 할 장소를 정확하게 찾아낼 수만 있다면, 아마 그대는 상대방을 그대가 있는 곳까지 이끌어갈 수 있는 행운을 갖게 될 것이다.

도대체가 교사教師라고 하는 존재는 단순히 이것은 이렇고 저것은 저렇다고 설명해 주거나 강의해 주는 그런 존재가 아니다. 천만에, 교사란 올바른 의미에서는 배우는 존재다. 교육은 교사인 그대가 배우는 사람으로부터 배우고, 그대 자신이 배우는 자의 입장에 서서 그가 이해한 것을 이해할 수 있고, 또 만일 그대가 이전에는 이해하지 못하고 있었다면, 그가 이해하는 방법으로 이해할 수 있을 때 시작된다.

혹은 만일 그대가 그전부터 그것을 알고 있었다면, 그대는 그대가 담당하고 있는 것을 알고 있다는 사실을 배우는 자에게 확신시키기 위해서 배우는 자에게 질문을 하도록 허락하라. 이를테면 이것은 전주곡이다. 이쯤 되면 다른 의미에서 교육은 시발을 본 셈이다.

내가 평소에 이 나라에 있는 정통파에 속하는 일부의 사람들*에

* 그룬트비주의의 신봉자들을 말함.

대하여 불만스럽게 여기고 있는 것은 다음과 같은 사실들이다. 즉, 그들은 폐쇄적으로 작은 구름을 형성하고는 서로 자기네들이야말로 유일한 그리스도인들이라는 신념을 다짐하고, 그러니까 다른 사람은 그리스도인들이 아니라고 기염을 토하는 이외에는 전체 그리스도교계에 관해서는 어떻게 대처해야 할지를 전혀 모르고 있다.

만일 실제로 그리스도교에는 진정한 그리스도인이 그렇게도 적다는 것이 진실이라면, 바로 그렇기 때문에 비록 그리스도교계에 있어서의 선교사는 이교국異教國에 나갈 선교사와는 항상 성격이 다르다고 보아야 하겠지만, 그들 정통파에 속한 사람들이야말로 선교사가 되어야 할 의무를 지니고 있는 것이다. 나의 이런 불만이라는 것도 실은 나의 지론에 의하면 정당한 방법에 속하는, 배후로부터의 우리의 정통파에 대한 공격이라는 사실을 쉽게 알 수 있을 것이다. 왜냐하면 그것은 정통파 사람들이야말로 진정한 그리스도인들이고, 그리스도교계에 있어서의 유일한 참 그리스도인들이라고 하는 인정과 가정에서부터 출발하고 있기 때문이다.

그러므로 어떻게 우리는 그리스도인이 되는가 하는 것이 자신의 사고의 전체를 이룩하고 있는 종교적인 저술가는 올바르게 그리스도교계에서 심미적인 저술가로서 출발한다.

과연 그리스도교계라는 것은 엄청난 착각인가, 또 과연 많은 사람들이 자칭 그리스도인이라고 부르고 있는 것은 망상일까 하는 문제는 잠시 접어두기로 하자. 오히려 그와는 반대라고 가정해 보기로 하자.

옳거니, 그렇다면 이런 가정에서의 시작은 존재하지도 않는 상황을 염두에 둔 것이니까 있으나 마나다 – 그러나 별로 해로울 것도 없다. 그리스도인도 아닌 사람이 그리스도인인 체할 때 그 해독은 더 크고, 정확히 말해서 그것이야말로 유일한 해독이다. 반면에 한 사람의 진정한 그리스도인이 자기는 그리스도인이 아니라는 인상을 줄 때는 그것은 별로 해로울 것이 없다.

모든 사람이 그리스도인이라고 가정한다면, 이런 속임수는 고작해야 그들에게 한층 더 그리스도인이라는 사실을 확인하게 할 따름이다.

3) 사람들은 늙어서야 비로소 종교나 그리스도교에 의지한다고 하는 착각

심미적인 것은 언제나 젊음과 영원 속에 포함되어 있는 이 영원의 짤막한 순간을 과대평가하고 있다. 또 심미적인 것은 세월이 지닌 진지성과 화해하지 못하고 영원성이 지닌 진지성을 방치하고 있다.

그러므로 심미주의자는 항상 종교인에 대하여, 종교인은 심미적인 것에 대한 어떤 느낌도 가지고 있지 못한 것이나 아닌가, 혹은 또 본질적으로는 심미적인 것이 지닌 향락 속에 머물러 있기를 원하면서도 모든 것을 쇠약하게 만드는 시간의 영향을 받아 노쇠해져서 결국 종교 속으로 도피해 버렸다고 의심하고 있다.

인생은 두 개의 시기로 나뉜다. 청년시절은 심미적인 것에 속하고, 노년시절은 종교적인 것에 속한다 - 그러나 정직하게 말해서 우리는 모두가 젊음을 오래오래 간직하기를 원한다.

과연 이런 착각을 추방할 수 있을 것인가?

나는 '할 수 있다' 고 말하겠다. 왜냐하면 비록 그러한 노력이 사실상 성공을 거둘 것인지 아닌지는 별개의 문제지만, 그런 착각은 심미적인 것과 종교적인 것을 동시에 성취함으로써 타파할 수 있을 것이다. 이 경우에 성공을 거두리라는 것은 의심할 여지가 없다. 왜냐하면 심미적인 작품은 젊다는 사실의 증거이고, 또 그렇기 때문에 종교적인 저술을 동시에 내놓는다면 그것은 어떤 엉뚱한 이유를 붙여서도 설명할 수가 없기 때문이다.

가령 그리스도교계라고 하는 것이 엄청난 착각이고, 또 많은 사람들이 자신들을 그리스도인이라고 부른 것이 헛된 속임수라고 한다면, 우리가 지금 언급하고 있는 이런 착각이란 지극히 일반적인 현상일 수 있는 확률이 많다. 그러나 이런 착각은 자신은 그리스도인이라고 스스로 속임으로써 더욱 악화된다.

사람들은 심미적인 범주 속에서 살고 있다. 그러므로 사람들은 설혹 어쩌다가 잠시 그리스도교에 관해서 약간 생각해 보는 일이 있다고 해도, 이 문제를 자신이 더 늙을 때까지 미루어 버린다. 그러고는 자기 자신에게 다음과 같이 타이른다 – '왜냐하면 실상 나는 본질적으로 그리스도인이기 때문이다' 라고.

확실히 그리스도교계에는 일찍이 이교도들이 그랬던 것과 마찬가지로 욕정의 세계에서, 아니다, 그들보다도 더 욕정적으로 살고 있는 사람들이 허다하다는 사실을 부인할 수가 없다. 왜냐하면 그들은 자신들이야말로 본질적으로 그리스도인이라고 하는 불행한 안도감을 품고 있기 때문이다. 그러나 사람들은 그리스도인이 되겠다는 결심을 차일피일 미루며, 되도록 오래 기피한다.

실상 사람들은 자신들의 젊음을 오래오래 자랑하고 있다가 보면, 뜻하지 않게 그런 결심을 가로막는 부수적인 장애물에 부닥치기도 한다(그래서 사람들은 늙어서야 그리스도교나 종교적인 것에 의지하게 된다). 인간은 자신이 늙었다는 것을 강요당하기 전에는 인정하지 않는다 – 그러나 늙고 나면 그리스도교나 종교적인 것에 의지하게 될 것이다.

만일 사람이 언제까지나 젊음을 유지할 수 있다면, 그들은 그리스도교나 종교적인 것을 막론하고 전혀 필요성을 느끼지 않을 것이다.

이러한 생각이야말로 일체의 진정한 종교심에 대해서 가장 해로운 오해다. 이러한 오해는 시간이라는 의미에서 늙는다는 것과 영원이라는 의미에서 늙는다는 것의 개념을 사람들이 혼동하고 있는 사실에 기인하고 있다.

심미적인 것에 대한 뜨겁고 정열적인 대변자였던 젊은이가, 어떤 의미에서는 나약하고도 어떤 의미에서는 말할 수 없이 고집스러운 늙은이 특유의 온갖 결함을 지닌 신앙심으로 변모해 가는 과히 건덕적이지 못한 꼴을 우리는 흔히 목격하고 있다는 사실을 부인할 수 없다. 많은 대표적인 종교인들이 충분히 진지하지 못하다는 평을 들을까봐서 지나치게 딱딱하고 까다롭게 굴고 있다는 사실도 부인할 수 없다. 이런 일과 그 밖의 많은 것들이 그런 착각을 보다 일반화시키고, 또 그것을 굳건하게 만드는 데 이바지하고 있는 것이다.

그렇다면 이에 대한 구제책은 무엇일까? 이런 착각을 타파하는 일에 도움을 줄 수 있는 것만이 유일한 구제책이다.

그러므로 만일 종교적인 저술가가 이런 착각과 상대하려고 한다면, 그는 반드시 동시에 심미적인 저술가이고 또 종교적인 저술가이어야만 한다. 그러나 무엇보다도 특히 망각해서는 안 될 한 가지는, 자기가 시도하려고 하는 전체의 의도意圖, 즉 자신이 결정적으로 강조해야만 하는 것은 곧 종교적인 것이라고 하는 사실이다.

심미적인 작품들은 단지 전달의 한 수단에 불과하다. 어쩌면 그런 것들을 필요로 할지도 모를 사람들에게는(그리스도교계라는 것이 엄청난 착각이라고 가정한 그런 사람은 많을 것이다) 종교적인 저술활동은 저자가 늙었기 때문이라는 명제를 갖고서는 설명이 불가능하다는 증거가 될 것이다. 왜냐하면 실제로 그것이 동시에 행해졌기 때문이다. 그리고 확실히 사람이란 젊었으면서도 동시에 늙을 수는 없다.

어쩌면 그런 노력도 성공하지 못할지도 모른다 - 어쩌면 말이다. 그러나 어떤 경우라도 그리 대단한 해는 없을 것이다. 해가 있다고 해도 고작해야, 그런 전달자의 종교심을 사람들이 믿지 않을 것이라는 정도다. 그 정도라면 걱정할 것이 없다. 대개 종교적인 것을 전달하려는 사람은 자신이 종교적이라고 간주되는 것을 왕왕 지나치게 걱정하기 일쑤다. 만일 그렇다면 그것이야말로 그가 진정 종교인이 아니라는 증거다. 그것은 마치 교사가, 자신이 가르치는 방법이나 자신의 지식 등을 학생들이 어떻게 생각할 것인가 하는 문제에만 신경을 쓰고 있는 경우와 같다. 이러한 교사는 학생을 가르치려고 할 때 손이나 발도 움직일 수 없을 것이다.

예를 들어, 어떤 교사가 자신이 잘 알고 있는 것이지만 학생들을 위해서는 모르고 있다고 말하는 것이 상책이라고 생각하였다고 가정해 보자. 그런데 한심하게도, 그는 학생들이 그가 참으로 모르고 있다고 생각할까봐 감히 그러지 못한다. 요컨대 그는 교사가 될 자격이 없다. 그는 자칭 교사라고 하고는 있지만, 사실은 칭찬을 받으려고 안달인 것이다 – 그것도 학생들로부터 말이다.

혹은 또 그것은 시대의 죄악을 참회하라고 외치는 설교자가 시대가 자기를 어떻게 생각하고 있을까 하고 전전긍긍하는 경우와 마찬가지다. 그렇게 되면 그는 시대를 꾸짖는 설교자와는 거리가 멀고, 오히려 새해에 인사차 돌아다니는 하객賀客과 흡사하다. 그는 그의 독특한 옷차림 때문에 약간의 흥을 돋우기는 하지만, 그렇더라도 그의 옷차림은 새해의 하객으로서는 오히려 수상쩍은 것이다.

종교인의 경우도 사정은 마찬가지다. 설상가상으로 그 종교인은 자기만이 유일하게 비종교적인 인물이라고 간주되는 것을 감당하지 못한다. 이러한 일을 참고 견딜 수 있다는 것이, 곰곰이 생각한다면 본질적인 종교심의 가장 확실한 증거다.

4) 비록 자신이 이끌어가려는 곳까지 어떤 사람이 따라오지 않는다고 해도, 그래도 그를 위해 할 수 있는 한 가지 일이 있고, 그것은 곧 그로 하여금 억지로라도 그것을 알게 하는 일이라는 사실

잘하면 어떤 사람은 남을 위하여 많은 일을 할 수도 있을 것이고, 또 잘하면 그는 상대방을 그가 원하는 곳까지 이끌어낼 수 있을 것이다. 여기서 항상 본질적인 우리들의 관심사에만 문제를 한정해서 말한다면, 운이 좋으면 그는 상대방을 그리스도인이 되게끔 도울 수도 있을 것이다. 그러나 나의 힘만으로는 이런 결과를 가져올 수 없다. 그렇게 되려면 많은 일들이 작용해야 한다. 특히나 그것은 우선 그가 그것을 원하느냐 원하지 않느냐에 달려 있다. 어떤 인간에게 어떤 의견이나 확신이나 신앙을 강요한다는 것, 나로서는 이것만은 영원히 불가능하다.

그러나 나로서 할 수 있는 것이 하나는 있다. 억지로라도 나는 그에게 알게 할 수는 있다. 어떤 의미에서는 이것은 최초의 일이다. 왜냐하면 그것은 그 다음의 일, 즉 그가 그런 의견이나 확신이나 신앙을 가지게 되는 전제이기 때문이다. 다른 의미에서는 그것은 최후의 일이다. 왜냐하면 그가 그 다음의 단계를 밟지 않는다면, 그것은 곧 최후가 되니까 말이다.

이것이 하나의 선행善行이라는 사실에는 이론이 없을 것이다. 그러나 이것이 또 모험이라고 하는 사실도 잊어서는 안 된다. 그에게 억지로 알게 함으로써 나는 그에게 판단을 하지 않을 수 없는 의무를 강요하는 목적을 달성한다. 이제는 그가 판단할 차례다 – 그러나 그가 어떻게 판단할 것인가에는 나의 힘이 미치지 못한다. 어쩌면 그는 내가 원하는 바와는 정반대의 판단을 할지도 모른다. 더구나 그가 판단을 하게끔 강요당했다는 사실이 그를 화나게 하고, 미칠 듯이 화나게 하고, 그 일 자체에 대해서만이 아니라 나에 대해서도 화를 낼지도 모른다. 그리고 어쩌면 나는 나의 경솔한 모험의 희생이 될지도 모른다.

사람들에게 강제로 주의를 환기시키고 판단을 강요한다는 것은 곧 진정한 순교의 길이다. 진정한 순교자는 결코 자신의 힘을 사용하지 않고 자신의 무력無力의 도움을 받아 싸웠다. 그는 사람들에게 주의를 환기하도록 강요하였다. 하느님께서는 알고 계신다 – 그들은 주목하게 되었고………… 그리고 그들은 그를 죽였다. 그러나 이런 일은 그가 기꺼이 원하는 바였다. 그는 그의 죽음이 자신의 활동에 종지부를 찍는 것이라고는 생각하지 않았다. 그는 자신의 죽음이 자신의 활동의 일부이고, 또 실상 자신의 활동의 첫걸음은 자신의 죽음으로 인해서 시작된다는 것을 알고 있었다.

그를 죽음으로 몰아넣은 바로 그 사람들이 이번에는 그를 주목하게 되었다. 이번에도 그들은 다시금 그 일 자체를 심사숙고하게끔, 그리고 전혀 다른 효과에 대해서 생각하게끔 강요당하였다. 살아 있는 사람이 할 수 없었던 것을 죽은 사람이 해낸 것이다 – 그는 주목을 한 바로 그 사람들을 자신이 원하는 대로 이끌어가는 일에 성공한 것이다.

나는 그리스도교계에서 그리스도교를 전파하고 있는 목사들에 대하여 마음속으로 누차에 걸쳐 불만을 표시하였다. 그들은 너무나도 많은 착각에 에워싸여 있고, 또 그 착각으로 인해서 신분의 보장을 받고 있기 때문에 사람들에게 그런 착각에 대해 주의를 환기시킬 용기를 갖고 있지 못하다.

요컨대 그들은 자신들이 종사하는 일에 충분히 자기부정적이 못 된다. 그들은 추종자를 얻기를 좋아한다. 그러나 그들은 자신들이 종사하는 사업을 보강하기 위해서 그들을 획득하려고 한다. 그러므로 그들이 과연 진정한 추종자들인지 어떤지에 관해서는 그다지 신경을 쓰지 않는다. 이것은 다시금 깊은 의미에 있어서는 그들이 자신들의 주장을 가지고 있지 않다는 것을 의미한다.

그들의 직업이란 그들이 이기적으로 종사하는 그런 것에 불과하다. 그러므로 그들은 현실적인 의미에서 사람들 속으로 뛰어들려는 모험을 안 하고, 혹은 또 순수한 이념의 모습을 전파하기 위해서 착각을 몰아내려는 모험도 하지 않는다. 그들은 사람들에게 참으로 착각에 주목하도록 강요한다는 것은 위험천만한 일이라고 막연히 생각하고 있다. 진실하지 못한 방법으로 사람들의 주의를 끄는 것은 – 즉, 사람들 앞에 무릎을 꿇고, 굽실거리고, 아첨을 하고, 그들의 주목과 그들의 관대한 판단을 유도하고, 투표에 붙이고(진리를 말이다!), 그래서 사람들의 주의를 끈다는 것은, 실상 이런 일은 아무런 위험도 동반하지 않는다. 적어도 이 세상에서는 그렇다. 이 세상에서는 오히려 온갖 종류의 이득이 수반된다. 그렇지만 어쩌면 또 그런 일이란 어느 날엔가는 그가 영원의 세계에서 제거될지도 모를 위험을 수반한다.

그러므로 이제 자신들을 그리스도인이라고 자칭하고 있는 많은 사람들이 사로잡혀 있는 망상妄想의 경우도 사정은 마찬가지다. 여기에 어떤 인간이 그런 망상 속에서 살고 있다고 하자. 즉, 그는 그리스도교와는 전혀 생소한 범주 속에서, 순수하게 심미적인 범주 속에서 살고 있다고 하자. 그런데 어떤 사람이 심미적인 표현으로 그의 마음을 사로잡은 후에 종교적인 것을 재빨리 내놓았기 때문에 그가 심미적인 것에 흠뻑 빠져 있는 것 같은 순간에 종교적인 것의 가장 결정적인 표현으로 달려갔다고 하면 그 다음엔 과연 어떻게 될까?

암, 그때는 그도 알아차리지 않을 수 없다. 그러나 그 다음에 어떤 일이 뒤따를 것이지는 아무도 예견할 수 없다. 그렇지만 적어도 그는 알아차리지 않을 수가 없다. 어쩌면 그는 제정신을 차리고, 자신을 그리스도인이라고 부른 짓의 실상을 인식할지도 모른다. 또 어쩌면 그는 자신을 망쳐놓은 장본인에게 달려들지도 모른다. 그러나 하여간에 그는 적어도 알아차리기 시작하였고, 그는 판단을 내려야만 하는 지점에 도달해 있다. 어쩌면 그는 본래의 자기 자리로 돌아가기 위하여, 다른 사람은 위선자고, 사기꾼이고, 바보라고 판단을 내릴지도 모른다. 그러나 어쩔 도리가 없다. 그는 판단을 해야만 하고, 그는 알아차리기 시작할 것이다.

대개의 경우 사람들은 이 관계를 뒤집어 반대로 한다. 그리스도교가 이교異教와 관계를 맺고 있을 때도 사실 이 관계는 거꾸로 되어 있었다. 그러나 모든 것을 반성反省의 영역으로 끌어들이는 그리스도교계의 생각 때문에 상황이 전적으로 변했다는 사실을 사람들은 완전히 간과해 버렸다. 그리스도교계에 있어서도 사람들을 그리스도인으로 되게끔 인도하려고 하는 사람은 대개 자신이야말로 그리스도인이라는 온갖 종류의 보장을 제시한다. 그는 장담하고 또 장담한다. 그러나 그는 당초부터 바로 그 점에 엄청난 혼란이 게재하고 있다는 사실을 관찰하지 못한다. 왜냐하면 그가 호소하고 있는 상대방은 이미 그리스도인들이기 때문이다.

그러나 만일 그가 호소하는 상대방이 그리스도인들이라고 한다면, 그들을 그리스도인으로 만든다는 것은 과연 무엇을 의미하는 것일까? 이와는 반대로, 그가 생각한대로 비록 그들은 자신들을 그리스도인이라고 부르고 있기는 하지만, 실상 그들은 그리스도인이 아니라고 한다면, 그들이 그리스도인이라고 자칭하고 있는 바로 그 사실이, 우리는 반성을 요하는 상황에 처해 있다는 것을 말해주고 있다. 그렇다면 모든 전술을 전적으로 반대 방향으로 바꿀 수밖에 없다.

그리스도교계는 전적으로 새로운 병기학兵器學, 즉 반성이 침투된 병기학이 시급히 요청되고 있다는 사실에 대해서, 나는 여기서 더 이상 논하려고 하지 않는다. 이미 나는 여러 저서에서 그런 병기학의 원리적인 요소에 관해서 암시한 바 있다.

전체 요지를 한 마디로 표현한다면, 방법은 간접적이어야만 한다는 것이다. 그러나 이 방법을 전개하기 위해서는 오랜 세월의 노고와, 한시도 게을리 하지 않는 경계심과, 변증법적인 방법에 의한 음계연습과, 손가락을 움직이는 연습, 그리고 결코 잠들지 않는 두려움과 떨림이 필요하다. 그리스도교계와 같은 상황에서는 우선 하나의 망상을 타파하지 않는 한, 그리스도교를 전파함에 있어서 직접적이고 직선적인 관계가 성립되지 않는다. 모든 낡은 병기학兵器學과 모든 호교학護教學 및 그것에 부수되는 일체는 솔직히 말해서 오히려 그리스도교의 본질을 배반하는 일에 이바지할 뿐이다. 때와 장소를 가리지 않고 망상과 착각과 싸울 수 있도록 전술이 준비되어 있어야만 한다.

그러므로 그리스도교계에서 그리스도인이 되는 데에 모든 관심을 집중하고 있는 종교적인 저술가가 사람들에게 착각을 알아차리게 하기 위해(그가 성공할지의 여부는 다른 문제다) 전력을 다하려면, 그는 심미적인 작가로서 출발하고, 또 어떤 시기까지는 그런 소임을 지속해야만 한다. 그러나 거기에는 필연적으로 일정한 한계가 있다. 왜냐하면 그가 그렇게 하는 목적이 사람들에게 착각을 알아차리게 하려는 데 있기 때문이다. 그러나 저자는 자신의 목적을 잊어서는 안 된다. 자신의 목적이 이것과 저것의 구별을, 그리고 종교적인 것이 결정적인 것이고, 심미적인 것은 가면假面에 불과하다는 구별을 잊어서는 안 된다. 그렇지 않으면 종횡무진인 변증법적인 논의도 결국 수다로 끝나고 말 것이다.

5) 전체 저술의 관계에서 보면 심미적인 저술 전부가 속임수이지만, 이 말은 특별한 의미로 이해해야만 한다고 하는 사실

만일 누군가가 심미적인 저술을 전체라고 생각하고, 그런 관점에서 종교적인 부분을 생각해 본다면, 그는 종교적인 것이 등을 돌려 버렸거나 떨어져 나간 것으로밖에는 생각할 수 없을 것이다. 이러한 견해에 근거를 둔 가정이라는 것이 유지될 수 없는 것이라는 사실은 내가 이미 앞서 밝힌 바 있다. 나는 애당초부터 이런 사실을 가명으로 낸 저술과 때를 같이하여 나의 이름을 내걸고, 내가 종교적인 것을 지향하고 있다는 것을 분명한 신호로 전송하여 확립시킨 바 있다.

그러나 저자로서의 나의 전체 저술활동의 관점에서 총괄적으로 생각해 본다면, 심미적인 저술은 속임수이고 바로 거기에 가명을 쓴 보다 깊은 의미가 있다. 그렇더라도 속임수란 치사한 일이다. 이에 대해서 나는 다음과 같이 대답하고자 한다 – 우리는 '속임수'라고 하는 이 말에 속아서는 안 된다고. 우리는 진리를 위해서는 어떤 사람을 속일 수도 있다. 그리고 소크라테스를 상기한다면, 우리는 어떤 인간을 진리 속으로 속여서 끌어들일 수 있다.

실상 우리는 이런 방법으로만 착각 속에 젖어 있는 사람을 속여서 진리 속으로 끌어들일 수가 있다. 이와 의견을 달리하는 자는 누구나, 그가 변증법에 능통하고 있지 않다는 사실을 은연중에 드러내고 있는 셈이다.

이런 분야에서 활동해야 할 때에는 변증법이야말로 특별히 필요하다. 왜냐하면 다음의 A와 B의 두 경우 사이에는 엄청난 차이, 즉 변증법적인 차이가 있기 때문이다.

A의 경우는 그가 무지하고 지식을 주입시켜 주어야만 했기 때문에 그는 무엇인가를 채워줘야 할 빈 그릇과 같은 존재고, 혹은 무엇인가를 써넣어야만 하는 백지와도 같은 존재다.

그리고 B의 경우는 그가 착각에 사로잡혀 있는 존재이기 때문에 우선 그것부터 제거해 주어야만 한다. 그러므로 거기에는 백지 위에 글을 쓴다는 것과 어떤 문서 밑에 숨어 있는 어떤 문서를 부각법腐刻法을 이용하여 밝혀내는 것 사이에 있는 차이와 같은 차이가 있다.

만일 어떤 사람이 착각에 사로잡혀 있을 때, 올바른 사고방식에 따른다면, 그에게 진리를 전달하기 위한 첫째 과업은 그에게서 그 착각을 제거해 주는 일이다. 만일 내가 그를 속이는 일로써 시작하지 않는다면, 나는 직접적인 전달로써 시작해야만 할 것이다. 그러나 직접적인 전달은 받아들일 사람이 받아들일 능력을 가지고 있다는 것을 전제로 한다. 그러나 여기에서는 경우가 그렇지 못하다. 하나의 착각이 길을 가로막고 서 있기 때문이다. 그러므로 우리는 우선 부각법을 사용해야만 한다. 그러나 이 부각법은 곧 부정성否定性이고, 진리를 전달한다는 관계에서 이해하는 한 이 부정성은 속임수 바로 그것과 같은 것이다.

그렇다면 '속인다'는 것은 과연 무엇을 의미하는가? 그것은 우리가 전하고자 하는 것을 직접적으로 전하는 일로 시작하지 않고, 상대방의 착각을 참으로 받아들이는 일로 시작하는 것을 의미한다. 그러므로(이 책이 특별히 다루고 있는 문제에 국한한다면) 우리는, 나는 그리스도인이고 그대는 그리스도인이 아니라는 식으로 시작하지 않는다.

또 우리는, 내가 선포하는 것은 그리스도교인데 그대는 순전히 심미적인 범주 속에서 살고 있다는 식으로 시작하지도 않는다. 오히려 우리는 우리 함께 심미적인 것에 관해서 논해 보기로 하자는 식으로 시작한다. 오로지 종교적인 주제에 도달하기 위해서 이런 식으로 말을 꺼내는 바로 그 사실 속에 속임수가 깃들어 있다. 그러나 우리들의 전제는 상대방은 심미적인 것이야말로 그리스도교라고 하는 착각에 사로잡혀 있다는 것이었다. 왜냐하면 그는 자신이 그리스도인이라고 생각하고 있지만, 실은 그가 심미적인 범주 안에서 살고 있기 때문이다.

비록 일찍이 아무리 많은 독자들이 이런 방법을 부당한 것으로 생각한다고 해도, 또 아무리 많은 목사들이 이런 일을 이해하지 못한다고 해도(그럼에도 불구하고 그들 자신의 주장에 따른다면 그들은 모두가 사실상 늘 소크라테스적인 방법을 애용하고 있다), 나로서는 묵묵히 소크라테스를 지지할 수밖에 없다.

그가 그리스도인이 아니었다는 사실은 진실이다. 나는 그 사실을 알고 있다. 그렇지만 그가 그리스도인이 되었을 것이라는 점도 나는 믿어 의심치 않는다. 하여간에 그는 변증의 도사였다. 그는 모든 것을 반성이라는 견지에서 이해하였다. 그러므로 여기서 우리가 다루고 있는 문제도 순수하게 변증법적인 문제이고, 그리스도교계에서 반성을 사용하는 문제다. 여기서 우리는 질적으로 다른 부피를 다루고 있지만, 형식상 나는 소크라테스를 나의 스승이라고 부를 수 있다. 물론 나는 한결같이 오로지 주 예수 그리스도 한 분만을 믿어왔고 또 믿고 있다.

2. 『결론으로서의 후서後書』에 대하여

이 책은 내가 앞서도 언급하였듯이 저자로서 나의 전체 저술 활동의 전환점을 이룩하고 있다. 그것은 어떻게 그리스도인이 되는가 하는 '문제'를 제기한다.

이 책에서는 우선 사람이 그리스도인이 되기 위하여 걸어야 할 하나의 길(즉, 그리스도인이 되기 위하여 심미적인 것으로부터 떨어져 나가는 길)을 서술한 가명을 사용한 심미적인 저술들 전체를 개관하고, 다른 길(즉, 그리스도인이 되기 위하여 체계라든가 사변思辨 따위에서부터 떨어져 나가는 길)을 서술하려고 하였다.

3. 종교적인 저술에 대하여

『결론으로서의 후서後書』에 관해서도 나는 지극히 간결하게 요약하였다. 왜냐하면 저자로서 전체 저술활동에 대한 관점은, 저자가 종교적인 저술가라고 하는 이상, 이 책도 아무런 어려운 문제를 제기하지 않기 때문이다.

설명을 요하는 문제가 있다면, 그것은 오직 한 가지, 즉 이런 가정 밑에서 심미적인 저술을 어떻게 이해하여야 할 것인가 하는 문제다. 그리고 이런 가정 밑에서 아무런 해명이 필요하지 않은 것은 마지막 부분, 즉 순수한 종교적인 저술들이고, 또 이것이야말로 바로 관점을 정립해 준다.

4. 결론

독자가 이상의 각 절節에서 소상하게 논한 점들을 규합해 본다면, 과연 그 모든 것은 무엇을 의미할 것인가?

그것은 다음과 같은 사실을 의미한다. 즉, 전체 사상의 내용은 어떻게 그리스도인이 되는가 하는 문제를 취급한 저술활동이라는 사실을 의미한다.

그러나 이 저술활동은, 무대는 그리스도교계이고, 그리스도교는 반성의 규정이고, 따라서 모든 그리스도교의 관계는 반성 속으로 끌어넣어야 한다는 사실을 최초부터 이해하였고 또 변증법적인 일관성을 가지고 추구해 온 저술활동이다.

그리스도교계 안에서 그리스도인이 된다는 것은, 사람이 자기 자신이 되거나(반성의 내면성 혹은 반성을 통해서 내면화되는 것), 우선은 자신의 착각을 떼어버리는 것(이것 역시 반성의 규정이다)을 의미한다. 그러므로 거기에는 우리가 이교계異教界에 있는 것이 아닐까, 그렇다면 목사는 그런 의미에서 선교사가 아닐까, 혹은 자신은 어디쯤에 있는 것일까 하는 등등의 일을 알지 못하고 또 분별할 수 없는 어떤 곳에서 우리가 흔히 겪게 되는 망설임이나 모호성은 전혀 개재할 여지가 없다.

그러므로 여기서는 흔히 빠져도 무관한 것, 즉 그리스도교계라는 무대에서 그리스도교를 전파한다는 하나의 결정적인 지상명령적인 규정과 하나의 결정적인 표현을 빼버릴 수가 없다.

모든 일이 반성을 통해서 이루어진다. 전달은 반성을 통하여 이루어진다. 따라서 그것은 간접적인 전달이다. 전달자는 반성이라는 특성을 구비하게 되므로, 그는 부정적이다. 그러므로 그는 자신이야말로 비상할 정도로 그리스도인이라고 한다든가, 자신이야말로 계시啓示를 받았다고*(이런 모든 것들은 직접성이나 직접적인 전달에 해당된다) 말하는 사람이 아니라, 오히려 반대로 자신은 그리스도인이 아니라고 확언까지 하는 사람이다.

요컨대 전달자는 다른 사람 뒤에 서서 그를 부정적으로 돕는다. 물론 그가 과연 어떤 사람을 돕는 일에 사실상 성공할 수 있느냐 없느냐는 별개의 문제다. 문제 자체는 사람이 이런 종류의 그리스도인일 때에 과연 어떻게 해서 그리스도인이 되는가 하는 반성의 문제인 것이다.

---

* 아즈라(Adolph Peter Adler, 1812-1869)를 가리킨다. 1843년 그는 하느님으로부터 계시를 받았다고 공언하여 문제를 야기했다. 1846년에서 1847년에 걸쳐서 쓴 키에르케고어의 「아즈라에 관해서」와 1849년 H. H. 라는 이름으로 키에르케고어가 출판한 『두 개의 원리 – 종교적인 소논문』의 제2장 「사도와 천재의 차이에 관해서」는 이 사건을 계기로 쓴 글들이다.

여러 저술의 본질적인 차이에 대응하는 나의 개인적인 실존의 차이

지금의 시대에 있어서나 또 과거 여러 시대를 통하여 저술가로 존재한다는 것은 하나의 실천이고, 또 하나의 개인적인 실존일 뿐만 아니라 반드시 그래야만 한다는 사실을 사람들은 까마득히 잊어버리고 있다.

사람은 일반적으로 추상적이고 비인칭적非人稱的인 보도를 일삼고 있는 신문이, 특히나 일간신문이 (자신이 보도하는 내용이 사실이든 거짓이든 문제 삼고 있지 않기 때문에) 일반적인 도덕적 퇴폐에 이바지하고 있다는 사실을 인식하지 못하고 있다. 특히 비인칭적이기 때문에 그 대부분이 무책임하고 철면피적이어서 본질적으로 퇴폐적이다.

사람들은 익명이라는 것이 비인칭적이라는 것과, 무책임하다는 것과, 철면피하다는 것에 관해서 절대적인 표현을 일삼고 있기 때문에, 그것이 근대에 있어서의 도덕적인 퇴폐의 근본적인 원인이라는 사실을 인식하지 못하고 있다. 사람들은 그런 익명은 간단한 방법으로 극복할 수 있다는 사실과, 신문의 추상적인 보도에 대해서는 유효적절한 대책을 제공할 수 있다는 사실을 반성하려 들지 않는다.

만일 사람들이 고대古代를 다시 한 번 돌이켜 보고, 그 이상도 그 이하도 아닌 외톨이로 존재한다는 것이 무엇을 의미하는가를 배우기만 한다면 그런 일이란 간단하다. 저술가도 분명히 외톨이 이상도 아니고 이하도 아니다. 이것은 분명한 사실이다.

옳지 못한 것을 얼버무리는 것을 지혜라고 간주하는 우리들의 시대에 있어서, 즉 전달하는 사람을 요구하지 않고, 전달 그것도 단지 객관적인 것의 전달만을 문제 삼고 있는 우리들의 시대에 있어서, 이런 시대에 있어서 저술가란 과연 무엇을 의미할까?

저자란 흔히 그의 이름이 서명되어 있을 경우에 있어서 마저도 단순한 하나의 X에 불과하고, 전적으로 비인칭적인 무언가이고, 인쇄물의 덕분에 수천수만의 사람에게 추상적으로 자신의 말을 던지고 있지만, 그 자신은 보이지도 않고 알려지지도 않고,

삶을 유지할 수만 있다면 숨은 몸으로 무명의 누군가로 살고 있는 존재다. 추측컨대 그것은 자기가 고용당하고 있는 엄청난 보도수단과, 저자는 단지 외로운 외톨이에 불과하다는 사실 사이의 너무나도 분명하고도 충격적인 모순을 드러내고 싶지 않아서인지도 모르겠다. 어쩌면 또 감시가 두려워서인지도 모르겠다. 실생활에 있어서는 이런 감시가 다른 사람들을 가르치려고 하거나 자신의 개인적인 실존이 자신이 전달하는 내용과 일치하는가를 보려고 하는 모든 사람을 항상 살피고 있다.

이런 일련의 일은 현대국가의 도덕적인 퇴폐를 연구하려는 사람이면 누구나 가장 진지하게 유의할 일이지만, 이런 모든 일에 관해서는 나로서는 여기서 더 이상 깊이 파고들지 않겠다.

1. 심미적인 저술에 관계되는 개인적인 실존방식

이제 여기서 나는 나의 저술활동과 나의 실존의 방식의 첫 시기에 관해서 언급하겠다.

여기에 한 종교적인 저술가가 있다. 그러나 그는 한 사람의 심미적인 저술가로 출발하였다. 그리고 이 첫 단계는 하나의 미행微行이고 속임수였다. '세상은 속기를 원하고 있다Mundus vult decipi' 고 하는 비밀을 극히 일찍부터 그리고 극히 철저하게 알고 있었던 나였지만, 그 당시 나는 그런 전술을 써보고 싶다는 생각을 할 처지에 있지 못했다. 그와는 정반대였다. 그래서 나는 가능한 한 최대의 규모로 거꾸로 속이는 문제에 열중하였다.

내가 인간들에 관한 모든 지식과 그들의 약점 그리고 그들의 어리석음을 이용하는 것은 그런 것들로써 이득을 얻기 위해서가 아니라, 나 자신을 무無로 만들고, 내가 뿌린 인상을 약화시키기 위해서였다. 속기를 원하는 세상에 적합한 속임수의 비법은 서로가 서로를 추켜올리는 이런 저런 모임에 합류하여 그룹을 형성하고 그들 모두와 잘 어울리는 일이다. 그런 모임의 회원들이란 세속적인 이익을 추구하기 위해서 혀와 펜으로 서로가 서로를 지지한다.

또 이 비법은 득실거리는 인간의 무리들로부터 자기 자신을 숨기고 절대 남의 눈에 띄지 않게 함으로써 환상적인 효과를 자아내는 일이다. 그래서 나는 이와는 정반대의 길을 택해야만 했다. 나는 절대적인 고립 속에서 실존해야만 했고, 또 나의 고립을 지켜야만 했지만, 그와 동시에 하루의 어떤 시간에는 나의 모습을 나타내야 하는 고통을 겪어야만 했다.

말하자면 나는 길거리에서 살아야 했고, 누구나와 어울려야 했고, 전혀 예기치 않은 상황 속에도 나타나야만 했다. 이것이야말로 진짜 속임수의 방법이고, 세속적인 의미에서는 자신이 뿌린 인상을 약화시키는 영원히 확실한 방법이다. 더구나 이 방법은 나와는 격이 다른 사람들을 통하여 사람들을 깨우쳐 주기 위해 취한 길이었다. 저 유명한 분들, 즉 자신들이 전달을 위해 봉사하는 것이 아니라, 전달이 자신들을 위해 봉사해 주기를 원하는 '사기꾼들' 은 오로지 자신들의 명성을 얻기 위해서 신경을 곤두세우고 있다.

저 천대받은 분들, 즉 거꾸로 속임수를 쓴 '진리의 증인들' 은 세속적인 의미에서 늘 자기 자신들을 무시하려고 노심초사하였고, 또 그들은 주야를 가리지 않고 애써 일하였지만 항상 자기 자신들을 무無로 간주하고 있었다. 특히나 그들은 그들이 수행하고 있는 일이 직업이고 생업生業이라는 착각에 빠지지 않도록 노심초사하였다.

그러므로 이 일은 해내야만 하였다. 그래서 해냈다. 가끔이 아니라 허구한 날 매일같이 말이다. 『이것이냐 / 저것이냐』의 6분의 1과, 몇몇 친구들과, 그리고 영영 모습을 나타내지 않는 저자, 이런 것들이 상당 기간 동안만 지속된다면 상당한 효과를 거둘 수 있으리라고 나는 확신하였다.

그렇지만 그때 나는 자신이 지나치게 많이 알려지지나 않을까 하는 두려움도 없이, 마음껏 그리고 정신이 나를 몰아내는 대로 일할 수 있게끔 나 자신의 안정을 도모하였다. 왜냐하면 어떤 의미에서 나는 다른 방향에서, 다시 말해서 나 자신과 싸우는 일에 전력을 다하고 있었기 때문이다.

저술가로서 일한다는 것, 즉 정신과 펜으로써, 그러면서도 모든 사람에게 봉사한다는 것이 어떤 것인지는 저술가만이 이해할 수 있을 것이다.

이러한 생활방식은 인간 생활에 대한 관찰을 통하여 나를 무한히 풍요롭게 해 주었지만, 그것은 비평을 위해서는 하나의 척도였고, 또 그것이 많은 사람들을 절망으로 몰아넣었을 것이다. 왜냐하면 그것은 온갖 사소한 착각까지도 몰아내고 순수한 이념理念을 제시하기 위한 노력을 의미하였기 때문이다 – 그리고 사실 이 세상을 지배하고 있는 것은 진리가 아니라 착각이다. 비록 그 일이 일찍이 볼 수 없었던 만큼 훌륭한 것이었다고 할지라도, 만일 저자가 여기서 언급한대로 살 수만 있다면, 그는 세상의 명성이나 대중들의 저열한 아첨으로부터 잠시나마 신변의 안전을 지킬 수 있을 것이다. 왜냐하면 대중이란 아무런 이상理想도 가지고 있지 않고, 따라서 겉모양을 무시하면서까지 인상印象을 지탱할 힘을 가지고 있지 않기 때문이다.

대중은 항상 겉모양이라는 덫에 걸리기 마련이다. 언제 어디에서나, 그리고 어떤 뜻하지 않은 상황 속에서도 볼 수 있고 만날 수 있다는 것은, 대중들로 하여금 그 사람의 첫인상을 잊게 하고, 그들을 불쾌하게 하고 지치게 하기에 안성맞춤이다. 그리고 항상 눈에 띈다는 소문을 퍼뜨리기 위해서는 자신의 시간을 약간 교묘하게(세상에서는 이것을 미친 듯이라고 한다) 이용한다면 과히 시간이 낭비되는 것도 아니다.

또 최상의 효과를 거두기 위해서는 같은 장소, 그것도 시내에서도 가장 번화한 장소에서 왔다갔다하는 일을 되풀이하면 된다. 만일 세상에 얼굴이 팔리고 싶지 않은 사람이라면 누구나 그가 지나갔던 같은 길로 되돌아가지 않을 것이다 – 비록 그 길이 아무리 편리한 길이라도 말이다. 그는 그렇게 짧은 시간 안에 남이 두 번씩이나 자신의 얼굴을 보는 것을 피할 것이다. 왜냐하면 사람들이 그를 무위도식하고 있다고 생각할까봐 두렵기 때문이다.

반면에 설혹 그가 하루의 3분의 1을 집에서 자기 방에 죽치고 있으면서 빈둥거리고 있다고 해도 아무도 그가 무위도식하고 있다고는 생각하지 않는다. 그러나 많은 사람들 사이를 오가며 종교적으로 옳게 보낸 한 시간, 영원永遠을 위하여 보낸 한 시간 – 이것은 결코 하찮은 일이 아니다.

그리고 이런 식으로 진리에 봉사하는 일은 하느님께서도 진실로 미쁘게 생각하실 것이다. 성령께서는 하느님께서도 그것을 전폭적으로 동의하고 계시다는 것을 나의 영靈과 더불어 강하게 증언해 주신다.*

모든 진리의 증인들이 이 사실을 입증해 주고 있다. 그리고 그들은 인간이란 진리와 이념에 봉사하고 싶어 하지, 진리를 배반하고 착각의 덕분에 이득을 보려고 하지 않는다는 것을 인정한다. 사람들은 목사가 일요일에 진리에 관해서 설교를 하고 눈물을 흘리면, 역시 따라서 울고 …… 월요일이 되면 그런 일을 감쪽같이 잊어버리고 깔깔대며 웃어대지만, 나도 약간은 그렇게 해보고 진정한 그리스도교적인 만족을 누려본 경험이 있다.

코펜하겐에 달리 아무도 없어도, 모든 가난한 사람들과 길거

---

* 로마서 8장 16절 참조.

리에서 격의 없이 인사하고 대화를 나누고, 또 그가 늘 출입하는 곳에서는 어디에서나 가난한 사람들과의 접촉을 피하지 않고, 안면이 있는 모든 하녀와 머슴과 날품팔이와 인사를 나누는 사람이 결정적으로 한 사람 있다는 생각을 하며, 나는 진정한 그리스도교적인 만족을 느꼈다.

또 코펜하겐에 달리 아무도 없어도, 그 무렵(즉, 우리 민족이 또 하나의 교훈을 배운 사태가 일어나기 몇 년 전에*) 이웃사랑의 교훈을 배우려고 소규모로 실천적인 노력을 하였으나, 오호라! 동시에 그리스도교계가 얼마나 착각에 빠져 있는가에 관해 무서운 통찰과, 분명히 몇 해 후에** 머리가 비교적 단순한 계층이, 지질한 신문기자들의 유혹에 놀아나서 시달리고 있는 상황 속에서 역시 같은 현상을 통찰한 사람이 한 사람 있었다는 사실을 알고, 나는 진정한 그리스도교적인 만족을 느꼈다.

거짓말을 일삼는 신문기자들이 자유와 평등을 위해 노력하고 싸운 결과는, 장기방어에 나선 특권층은 거만하게 서민층을 물리치고, 서민층은 뻔뻔스럽게 주제넘은 짓을 하게 만들었을 뿐이다.

나의 개인적인 실존에 관해서는 여기서 소상하게 기술할 수

---

* 1848년의 정치적인 상황을 말함.

** 「콜사르」 사건을 말함.

가 없다. 그러나 진리를 위하여 역방향으로 세상을 속이는 일에서 내가 보여준 것과 같이, 이 세상에서의 명예와 명성을 얻기 위해서 세상을 속일 셈으로라도 그렇게 많은 계교와 음모와 교활한 술책을 동원한 저자는 없었다고 나는 확신한다.

어느 정도로 그런 일을 수행했는지를 일례로 들어 제시하기로 한다. 이에 관해서는 『이것이냐 / 저것이냐』의 교정을 보아준 「조국祖國*」의 주필이었던 기오즈바즈**가 잘 알고 있다.

『이것이냐 / 저것이냐』의 교정을 보고 있었을 무렵, 나는 하도 일이 많아서 평상시에 정하고 다니던 시간에 거리를 산책할 수가 없었다. 오후 늦게야 일을 끝내고는 극장으로 서둘러 달려갔다. 거기서 나는 글자 그대로 5분 내지 10분 정도는 머물러 있었다. 어째서 나는 그런 짓을 하였을까? 그 방대한 책이 나를 너무 유명하게 만들어줄까를 걱정했기 때문이었다.*** 그러면 어째서 나는 그런 짓을 하였을까? 내가 사람들에게, 특히 코펜하겐에 살고

---

* 1834년에 창간되어 1882년에 폐간된 덴마크의 신문. 처음에는 주간지로 출발하였으나 후에 일간지가 되었다. 키에르케고어의 기고는 대부분이 이 신문에 시렸고, 1842년에서 1855년까지 32편에 이른다.

** Jens Finsteen Giodwad(1811-1891). 키에르케고어의 친구. 1839년에서 1877년까지 「조국祖國」의 주필이었다.

*** 같은 이유 때문에 『이것이냐 / 저것이냐』의 정서가 끝났을 무렵, 나는 「조국」에 나의 이름으로 짧은 논문 「공개적인 고백」을 발표하였지만, 거기서 나는 이름을 밝히지 않고 여러 신문에 실린 많은 흥미 있는 신문소설의 필자가 내가 아니라는 사실을 밝히고, 나의 게으름을 고백하고 다음과 같이 부탁하였다 – 즉, 앞으로 나의 서명이 들어 있지 않은 것에 대해서는 그것의 필자를 나로 간주하지 마시라고.

있는 사람들에게 매일 밤 5분 동안만 얼굴을 보여 주면, 나는 전혀 하는 일이 없고, 그야말로 게으른 사람이라는 평을 입증하기에 족했기 때문이다.

이렇게 나는 나의 심미적인 저술을 지탱하며 살았다. 그래서 나는 나의 모든 친구들과도 교제를 끊었다. 그리고 나는 논쟁적인 태도를 취하여, 나에 대한 모든 찬사는 공격으로, 또 모든 공격은 일고의 가치도 없는 것으로 간주하였다. 표면상에 나타난 나의 생활은 이러하였다. 나는 거의 일체의 방문을 중단하였고, 집에 있는 동안에도 동냥하러 오는 가난한 사람을 제외하고는 절대로 사람을 만나지 않는 규칙을 엄격히 지켰다. 왜냐하면 나는 집에서 방문객들을 만날 시간이 없었고, 방문객으로서 나의 집에 들어오는 누군가가 그가 알아서는 안 될 일들을 눈치챌 수도 있는 일이기 때문이었다. 나는 이렇게 살았다.

만일 코펜하겐이 어떤 사람에 관하여 의견의 일치를 보고 있었다면, 그것은 나에 관한 다음과 같은 의견이었을 것이라고 나는 단언할 수 있다 – 즉, 그는 게으름뱅이고, 한가한 사람이고, 빈둥거리며 놀고 있는 사람이고, 하찮은 참새고, 그러면서도 머리가 좋고, 어쩌면 비상하게 머리고 좋고, 재치발랄한 사람이지만, '진지성' 에 관한 한 그는 그것을 철저하게 결핍하고 있다는 등의 평이다.

나는 세속적인 아이러니irony나 인생의 쾌락이나 가장 아기자기한 쾌락을 대변하고 있었지만, '진지성과 신뢰성'의 흔적조차 찾아볼 수 없고, 대신 무척 재기발랄하고 흥미진진한 인간으로 통하고 있었다.

이 시기를 회고할 때마다 나는 지역사회에서 명망과 덕망을 누리고 있던 사람들에게 한 마디 변명이라도 하고 싶은 유혹을 억누를 길이 없다. 사실 나는 내가 하고 있던 짓에 관해서 완전히 알고 있었지만, 그들의 입장에서 본다면 그들이 나를 비난하는 것도 무리가 아니었다. 왜냐하면 나는 그렇게 나 자신의 명성을 해침으로써, 일반적으로 권력과 명성을 해치는 운동에 이바지하고 있었기 때문이다.

워낙 나는 언제나 이런 면에서는 보수적이었고, 또 저명인사나 유명인사에게는 응분한 경의와 존경과 찬사를 보내는 일에 즐거움을 느끼고 있었다. 그럼에도 불구하고, 나의 보수적인 성향 때문에 나는 나 자신이 자진해서 그런 일에 한몫 끼고 싶은 욕망은 느끼지 못했다.

또 지역사회의 몇몇 유명인이나 덕망 있는 사람들은 여러 가지로 동정을 하였을 뿐만 아니라 편애偏愛까지도 표시하며, 갖가지 수단과 방법을 다 동원하여 자기네들 편으로 끌어들이려고 하였기 때문에(확실히 그것은 그들의 진정이었고 호의의 표시였다) — 바로 그런 이유로 인해서, 비록 내가 한 일이 나 자신의 이념에 봉사하는 일이었기 때문에 뉘우칠 수는 없지만, 그들에게는 한마디 변명이라도 하고 싶은 마음이 간절하였다.

명망 있는 사람들은 교양이 없는 계층의 사람들에 비해서 나에 대한 태도가 시종일관 똑같았다. 교양이 없는 사람들은 그들 자신의 입장에서일망정 올바르게 행동하지 못했다. 왜냐하면 그들은 명망 있는 사람들의 방식을 따라서 내가 상층계급에 속하지 않았다는 이유로 나를 공격했기 때문이다. 그러니 그런 일이란 하층계급으로서는 그야말로 어처구니없고 우스꽝스러운 일이었다.

이상이 초기에 속한 일이다.

나는 나의 개인적인 실존을 통하여, 가명假名과 심미적인 저술들 전체를 지지하려고 애썼다. 마음 속 깊이 엄청난 고뇌에 시달리며, 절망 속에서 세상과 세상에 속한 일체와 교제를 끊고 나서 우수憂愁에, 고칠 수 없는 우수에 시달리고 있던 나, 또 진리는 고통을 받고, 비웃음을 받고, 멸시를 받을 운명이라는 사실을 어렸을 때부터 엄하게 교육을 받고 자랐고, 매일 일정한 시간을 기도와 신앙을 위한 묵상으로 소비하여 온 나, 이런 나는 개인적으로는 한 사람의 통회자痛悔者였다. 그것이 당시의 나의 모습이었다.

그렇지만 어떤 의미에서는 나는, 이 생활과 이 역방향의 속임수에 일종의 만족감을 맛보고 있었다는 사실도 부인하지 않는다.

이 만족은 속임수가 유례없는 성공을 거두었다는 사실과 우리들, 즉 대중과 내가 터놓고 아무 말이나 할 수 있는 사이가 되었다는 사실과, 내가 일종의 세속의 복음을 전하는 전도자로 인기가 대단하였다는 사실과, 비록 내가 명성이 있는 사람은(그것은 전적으로 별개의 생활방식에서 얻어지는 것이다) 아니었지만 은밀한 가운데(그렇기에 더욱 사랑을 받았다) 나는 대중의 총아였고 모든 사람이 엄청나게 재미있고 재기발랄한 인간으로 간주해 준 사실에서 온 만족감이었다.

나의 비밀이었고, 때로는 나를 우쭐하게 하기도 한 이 만족은 위험한 유혹일 수도 있었다. 물론 세상이나 그런 일들이 그들의 아첨이나 칭찬으로 나를 유혹할 수 있었기 때문에 그랬다는 것이 아니다. 천만에, 그런 방향에서의 유혹이라면 나는 절대 안전하였다. 나의 이 안전이 뒤집히는 일이 있을 수 있다면, 그것은 내가 쓴 속임수가 어쩌면 그렇게 멋진 성공을 거두었을까 하는 생각에 거의 넋을 잃을 정도로 사로잡히고, 또 그것이 한층 고조되면 그럴 수도 있었을 것이다. 이것은 소년시절부터 나의 마음속에 쌓여 있던 복수심을 말할 수 없이 위로해 주었다. 왜냐하면 나는 나의 눈으로 직접 확인하기 오래 전에 이미 거짓과 비굴과 부정이 세상을 지배하고 있다는 사실을 배워서 알고 있었기 때문이다.

나는 가끔 『이것이냐 / 저것이냐』에 기록되어 있는 '그대들이 웃고 있는 바로 그 일이 어떤 것인지를 그대들이 알고 있다면……' 이라는 말을 생각하지 않을 수 없다. 이제 그대들이 관계하고 있는 사람이 과연 누구인지, 이 게으름뱅이가 과연 누구인지를 그대들이 알고 있다면……!

2. 종교적인 저술에 관계되는 개인적인 실존방식

『결론으로서의 후서』의 원고가 1845년 12월에 마무리되었으므로* 여느 때처럼 나는 그것 전부를 즉각 인쇄업자인 루노에게 넘겼다. 이에 관해서는 루노의 경리장부가 그것을 증명해 주고 있기 때문에 의심이 많은 사람은 나의 말을 믿지 않아도 좋다. 어떻게 그리스도인이 되는가 하는 '문제'를 제기하고 있는 이 책은 저자로서의 나의 저술활동 전체의 전환점을 이루고 있다. 이 책과 더불어 마지막 부분에 속하는 종교적인 저술만으로 된 일련의 저서로의 옮아감이 시작되었다.

이런 변화에 대응하기 위하여 나의 개인적인 실존의 방식도 고쳐야만 하겠다는 사실과, 나와 동시대의 사람들에게 나의 개인적인 실존의 방식에 관해서 종전과는 다른 인상을 주도록 애써야만 하겠다는 것을 나는 즉각 직감하였다. 그리고 나는 내가 무엇을 해야만 하는가에 관해서도 이미 분명히 알고 있었다.

그때 천만 다행하게도 어떤 사소한 사건이 일어났고, 나는 그 사건 속에 그런 방향으로 결정적인 행동을 하라고 나를 도와주

* 『결론으로서의 후서』의 원고는 1845년 12월에 인쇄소로 넘겨졌고, 인쇄가 끝난 것은 다음해 2월 20일이었다.

는 하느님의 섭리가 있음을 직감하였다.

그렇지만 당시의 코펜하겐의 상황에 관해서 독자들의 기억을 상기시켜 놓지 않고서는, 나는 이 문제를 더 이상 소상하게 털어놓을 수가 없다. 당시의 상황을 현재의 전쟁상태와도 같은 상황과 대비하여 간단히 묘사해 보면, 어쩌면 한층 더 날카롭게 윤곽이 드러날 것이다.

그 무렵 코펜하겐에는 매우 주목할 만한 현상이 조금씩 나타나기 시작했고, 그래서 코펜하겐의 전 주민들이 매우 풍자적이 되었다 – 그리고 무식하고 교양이 없는 사람들일수록 그 정도가 더 심했다. 일체가 처음부터 끝까지 풍자로 일관되었다.

만일 벌어지는 일들이 그다지 진지한 일이 못 되고, 또 내가 순전히 심미적인 관심을 가지고 그것을 찬찬히 관찰할 수만 있었다면, 그것은 일찍이 내가 볼 수 있었던 것 중에서도 가장 우스꽝스러운 것이었음을 부인할 수 없고, 또 나는 그렇게까지 근본적으로 희극적인 것과 해후할 수 있는 행운이 주어질 수만 있다면 천릿길이라도 마다할 수 없다고 생각한다.

한 시市의 주민 전체가, 위로는 큰길이나 골목길에서 빈둥거리고 있는 실업자와, 밑으로는 학교에 다니는 개구쟁이와 제화점의 직공들, 그리고 별것도 아닌데도 우리 시대에서는 유일하게 특권을 누리고 있는 모든 특권계급의 군단軍團들, 바로 이런 족속들이 하나의 집단이 된다.

한 시의 주민 전체와 동업조합들과 단체들과 실업가들과 귀족들, 바로 이런 족속들이 마치 소시민들이 사슴 공원으로 들놀이를 갈 때와도 흡사하게 하나의 가족을 이룬다. 이런 수천수만의 족속들이 '그 무엇'이 되고(나로서는 그들이 집단을 이루건, 가족이 통틀어 나가건 간에 절대로 '그 무엇'이 될 수는 없다고 단언할 수 있다) 한 신문*의 도움을 받아 '풍자적'이 된다.

그런데 아이러니한 사실은 그 신문이라는 것이 또 뒤에 숨은 불한당과 같은 편집인의 도움을 받고 있다는 사실이다. 그래서 그 신문이 자아낸 분위기는…… 풍자다.

나로서는 그보다도 우스꽝스러운 일은 생각조차 할 수 없다고 믿는다. 왜냐하면 풍자란 특별한 지적인 교양을 전제로 하는 것이고, 어떤 세대에 있어서는 극히 드문 일이기 때문이다. 그런데 이런 어중이떠중이 모두가 풍자의 숙련공이 된 것이다.

풍자란 절대적으로 비사회적非社會的이고, 군중 속에 있는 풍자는 그것 자체가 절대 풍자가 아니다. 이 사실은 바로 그 개념 자체에 내포되어 있는 것인 까닭에 그 이상 확실한 일이 있을 수 없다. 풍자란 원래가 본질적으로 한 사람에게만 국한되는 경향

---

* 1840년 골드슈미트가 창간한 주간 풍자 신문 「콜사르」를 말함.

이 있는 것이고, 아리스토텔레스가 적절하게 표현하고 있듯이, 풍자적인 사람은 모든 일을 '자기 자신을 위해서' 한다 – 그런데 여기서는 손에 손을 잡고 다정하게 수많은 대중이 악마처럼 풍자적이 된 것이다.

그러나 사태는 너무나도 심각하다. 이런 풍자는 물론 순전히 비열한 것이다. 왜냐하면 비록 선동한 장본인*은 결코 그다지 하찮은 재능의 소유자가 아니었다고 해도, 이런 수천수만의 사람들 사이를 거치는 동안 비열한 인간이 되지 않을 수 없다. 그런데 불행히도 이런 비열함이 항상 인기가 있다.

옛날에도 이런 도덕적인 퇴폐가 있었다. 이런 도덕적인 퇴폐는 옛날의 예언자가 주님의 이름으로 가장 무서운 형벌, 즉 '어린애가 너희들을 다스리게 하리라'**고 위협한 형벌을 너무나도 무섭게 상기시킨다.

도덕적인 퇴폐는, 나라가 작다는 점을 고려한다면, 나라 전체가 실질적으로 완전히 도덕적으로 붕괴하다는 것을 의미한다. 얼마나 위험한가 하는 것을 알기 위해서는 아무리 선량한 사람들이라도 그들이 '떼거리'를 형성하는 순간 전혀 다른 존재로 변한다는 사실을 가까이서 살펴보면 된다. 그런 짓을 하거나 그

---

* 「콜사르」의 사실상의 편집인인 골드슈미트를 가리킨다.

** 이사야서 3장 4절

런 말을 한다는 것은 수치고 몹쓸 일이라고 말하는 정직한 사람들도 일단 가까이 가서 살펴보면 무절조하기 짝이 없다. 그들 자신이 눈보라처럼 수다와 뜬소문으로 나라를 온통 감싸버리는 일에 한몫을 단단히 하고 있는 것이다.

그들이 개입하건 개입하지 않건 간에 대수롭지 않은 것 같이 생각되는 일도(하기야 대수롭지 않은 일도 많은 사람들이 힘을 모으면 괴물이 된다) 민중이라는 자격으로 일을 벌일 때의 냉혹한 꼴을(평상시에는 그들도 선량하다) 목격하라. 어떤 공격보다도 웃음거리가 된다는 것이 가장 무서운 것이라는 사실과, 자기와는 상관이 없는 일을 위해서 용감하게 생명까지도 내걸 수 있는 사람도 웃음거리가 된다는 위험 앞에서는 부모까지도 주저 없이 배반한다는 사실을 눈여겨보라.

요컨대 이런 종류의 공격은 사람을 극도로 고립화시키고, 감정을 지탱할 지주支柱를 전혀 제공해 주지 않는다. 한편 경솔과 호기심과 음탕이 이를 드러내고 비웃는다. 그러면 그런 공격을 한사코 피하려는 신경질적인 소심한 사람은 계속하여 '그쯤은 아무것도 아니다' 라고 외치고, 또 비겁하게 상대방에게 뇌물을 주거나 환심을 사서 공격을 매수하는 겁보들도 '그쯤은 아무것도 아니다' 라고 말하고, 또 동정하고 있는 사람들까지 역시 '그쯤은 아무것도 아니다' 라고 말한다.

작은 나라에서 수다와 비웃음이 '대중의 여론'이 될 정도로 변신할 만큼 위험스럽게 된다면 그것은 무서운 일이다. 덴마크는 코펜하겐 속으로 흡수되어 버릴 지경에 도달했고, 코펜하겐은 바야흐로 하나의 지방 도시로 전락하려고 하고 있다. 그렇게 되기란, 특히 신문의 도움을 받아서 그렇게 되기란 지극히 쉽다. 그리고 일단 그렇게 되고 나면 원상을 회복하는 데는 어쩌면 한 세대가 걸릴 것이다.

그러나 그것에 관해서는 이상으로 충분하다. 나에게 중요한 것은 내가 종교적인 문제에 관한 저술활동으로 옮아가고 있는 사실에 상응할 수 있도록 나 자신의 실존방식을 바꾸는 일이었다.

나는 이런 저술활동에 상응하는 실존형식을 가져야만 하였다. 이미 언급한 대로, 때는 12월이었고, 『결론으로서의 후서』가 세상에 나올 때까지는 모든 준비가 갖추어지는 것이 소망이었다. 그래서 12월 바로 그 달에 첫걸음을 내딛었다. 상황이 이런 실정에 있었다는 사실을 잘 알고 있었으므로, 저 풍자의 기관지에 대해서(만일 내가 그런 일만 하지 않았더라면 어떤 의미에서 그 기관지는 나를 교묘하게 추켜올려서 나를 불멸의 존재로 만들어 주었을 것이다) 두 마디만 던지면 충분하다는 것을 나는 벌써부터 잘 알고 있었다.

그 두 마디의 말은, 모습을 찾아볼 수 없는 풍자적인 대중의 이목을 나에게로 집중시킴으로써 나를 모든 사람들의 풍자의 표적으로 만듦으로써 나의 전체 실존관계를 단호하게 변증법적으로 회전시키기에 충분한 것이었다. 아아! 아이러니[풍자]에 관한 논문으로 박사가 된 내가 말이다!

명령은 떨어졌다. 나는 그것이 신규로 발명된, 그러면서도 극도로 야무진 풍자의 형식으로서 이기적으로 이용되지 않게 하기 위해서, 내가 구역질나는 기관지의 구역질나는 풍자의 대대적인 비방의 대상이 될 것을 요구함으로써 거기에다 윤리적인 것을 상당히 가미하였다.

수없이 많은 풍자의 머리를 가진 괴물은 물론 내가 미쳤다고 생각하였다. 이 사건을 깊이 눈여겨 살펴보고 있던 개인들은 내가 해낸 이 비약飛躍을 벌벌 떨며 바라보고 있었거나, 아니면(그들은 품위라는 것을 단지 세속적인 의미에서 세속적으로 이해하고 있을 뿐이고, 신적인 의미에서는 이해하고 있지 못하였기 때문에) 내가 그런 일에 관여하는 것은 나의 품위를 떨어뜨리는 소행이라고 생각하고 있었다.

반면에 나는, 비열하기 짝이 없는 신문이 엄청난 규모로 많은 사람들을 무덤으로 몰아넣고, 비단 공격의 직접적인 대상인 당사자뿐만 아니라 그들의 처자와 친척과 친근한 친구들까지도 상처를 입히고, 어떤 곳이건 간에, 심지어는 학교생활의 사사로운 비밀이나 성스러운 교회의 지성소에까지도 더러운 발길로 침투하여 거짓과 중상과 오만과 못된 농담으로 가득 찬 말을 씨부렁

대고 있는 동안에(그들의 이런 모든 일은 남들을 해치는 기쁨과 금전을 위한 더러운 탐욕 때문이고, 이런 모든 일에 대해서는 저 불한당과 같은 숨은 편집인이 마땅히 책임져야 한다!), 아무런 결정적인 행동도 취함이 없이, 그런 일은 나의 일이 아니라는 듯이 값싼 미덕에 만족하고, 다시 말해서 되도록 모든 행동을 회피하며, 현대인으로서 퇴폐적으로 살아간다는 것이야말로 품위를 떨어뜨리는 일이라고 생각하였다. 나는 내가 나의 이념을 위해서는 그렇게 하는 것이 옳았다는 것을 완전하게 알고 있었고, 또 나는 망설이지 않았다.

그렇게 함으로써 생긴 결과에 대해서는 당시에는 물론 아무도 부러워하는 사람이 없었다. 그러나 나는 이제 그것을 나의 합법적인 소유물로 역사에 대하여 권리를 주장한다. 그것의 장래의 가치에 관해서 나의 눈은 용이하게 식별할 수 있다.

이때 나는 다시 간접적인 전달을 할 수 있게끔 상황이 변증법적으로 돌아갈 수 있도록 세심하게 계산해 두고 있었다. 내가 오로지 종교적인 저술활동에만 전념하고 있는 동안, 나는 나날이 벌어지는 비열한 짓들의 범람을 소극적인 지주支柱로 간주할 수 있었다. 왜냐하면 그것은 종교적인 전달이 지나치게 직접적이 되거나 지나치게 직접적으로 나에 대한 추종자들을 만들어내지 않게끔 확실한 냉각작용을 해 주었기 때문이다.

독자는 직접적으로 나와 관계할 수가 없었다. 왜냐하면 그때 나는 심미적인 탈을 쓴 미행微行을 집어치우고, 대부분의 사람들이 겁을 먹게 하기에 충분하리만큼 조소와 비웃음이라는 위험에 정면으로 대처했기 때문이다.

설혹 나의 그런 짓을 보고 겁을 먹지 않은 사람이 있었더라도, 그는 나 자신 스스로가 정신이상이라는 증거를 제시하며 자진하여 그런 모든 비방에 자신을 노출시키고 있다고 생각하고 당황하였을 것이다.

오호라! 진정 조국을 구하기 위하여 불사不死의 비약飛躍을 감행한 저 로마인*에 관해서도 당시의 사람들은 그렇게 말했었다! 오호라! 다시 한 번 오호라! 진정 변증법적으로 본다면 그것은 바로 그리스도교적인 자기부정의 정확한 표현이었던 것이다. 그래서 불쌍하고 가련한 아이러니의 박사인 나는 '지극히 존경받고 있는 대중'의 비웃음의 대상이 되었던 것이다.

옷차림은 정확하였다.

모든 종교적인 저술가는 그 자체가 논쟁적이다. 왜냐하면 종교적인 인간이 승리를 거둘 수 있거나 과반수를 점할 수 있을 만큼 세상은 선량하지 않기 때문이다. 이 세상에서 승리를 거두는 종교적인 저술가는 그 자체가 이미 종교적인 저술가가 아니다.

---

* 로마의 전설에 나오는 귀족 출신의 청년 마르쿠스 쿠르티우스를 말한다. 그는 조국을 구하기 위하여 무저갱無底坑 속으로 자신의 몸을 던졌다고 한다.

본질적으로 종교적인 저술가는 항상 논쟁적이고, 따라서 항상 반대파에 눌려서 고통을 받거나 반대파의 공격 때문에 고통을 받는다. 그 반대파라는 것은 그의 시대에 있어서의 독특한 악과 표리일체를 이루고 있다.

만일 그 악을 이루고 있는 것이 왕이나 황제, 교황이나 주교들, 그리고 권력자들이라고 한다면, 그가 그들의 공격의 표적이 되어 있다는 사실로써 종교적인 저술가라는 사실이 인지될 수 있다.

만일 군중과 수다, 그리고 대중과 잔인한 비웃음이 그 악이라면, 그가 그런 것들의 공격과 박해의 표적이라는 사실로써 종교적인 저술가라는 사실이 인지된다. 그리고 본질적으로 종교적인 저술가는 자신이 사용하는 지렛대의 유일한 받침점, 즉 기적적인 추론식推論式을 가지고 있을 뿐이다.

어떤 사람이 그에게, 도대체 그대는 무엇에 근거를 두고 그대가 옳고, 그대가 떠벌리고 있는 것이 진리라고 하는가를 묻는다면, 답변은 거의 다음과 같다.

> "나는 내가 박해를 받고 있다는 사실로써 그것을 증명하고, 내가 비웃음을 받고 있다는 사실로써 그것이 진리라는 사실을 증명한다."

요컨대 그는 자신이 향유하고 있는 명예나 명성이나 그 밖의 것에 호소함으로써 진리나 정당성을 실증하는 것이 아니라, 정 반대의 행동을 취한다. 왜냐하면 본질적으로 종교적인 사람은 항상 논쟁적이기 때문이다.

위험을 피하거나 위험이 도사리고 있는 곳이나, 악이 그의 교두보를 구축하고 있는 곳에 나타나지 않는 종교적인 저술가나 설교가나 교사는 모두가 사기꾼이고, 그런 자의 정체는 종국에 가서는 백일하에 드러날 것이다. 왜냐하면 죽음의 입구에 도달하면 그 죽음의 문이 열리게 되는데, 그때 모든 사람들은 모든 부귀영화와 재물과 명성을 던져 버려야 하고, 훈장과 명예로운 휘장도 비록 그것들이 왕이나 황제가 수여한 것이든, 혹은 군중이나 대중이 준 것이라고 할지라도, 그런 것들은 전적으로 불필요하고 가당치 않은 것들이므로 떼어 던져 버려야만 하기 때문이다.

그러나 일생동안 종교적인 저술가였거나 설교자였거나 교사였던 사람이었고, 또 자신의 책임으로 그런 존재였던 사람만은 유일한 예외가 된다.

만일 그가 그런 어떤 것들을 몸에 지니고 있는 사실이 발견되면, 그는 그런 것들을 버리는 것이 용납되지 않는다. 천만에, 그것들을 보관하고 들고 가야만 한다 – 마치 도둑이 훔친 물건들을 들고 가게끔 강요당하듯이 말이다. 그리고 그는 그 꾸러미를 휴대한 채로 그가 심판을 받아야하는 곳으로 들어가야만 한다. 만일 그가 종교적인 교사였다면 그는, 일생동안 조롱받고, 박해당하고, 비웃음을 당하고, 조소당하고, 침 뱉음을 당한 진정한 종교적인 교사들에 의해서 심판을 받아야만 한다.

아아! 살아있는 인간으로서 이 세상에서 선 채로 비웃음을 당하고, 조롱당하고, 침 뱉음을 당한다면 이 얼마나 무서운 일일 것인가! 하물며 화려한 옷을 차려입은 채로 그 꾸러미를 옆구리에 낀 채로 영원 속에서 서 있어야만 한다면 더욱 가공할 일이 아니고 무엇이겠는가!

옷차림은 정확하였다.

조소적인 시대에 있어서는(나는 있는 그대로의 시대의 모습을 말하고 있고, 또 적어도 나의 이런 견해로는 '전쟁'*은 이런 관점에서 보면 덴마크로서는 다행한 일이다), 종교적인 저술가는 반드시 누구보다도 더 웃음거리가 될 수 있도록 마음을 써야 한다. 그 악이 민중들로부터 우러나오는 것이라면, 그 시대의 종교적인 저술가는 반드시 그 박해의 표적이 되어야만 하고, 또 그런 점에서 그는 맨 앞에 나서도록 애써야만 한다.

---

* 1848년에 있었던 독일과의 전쟁. 이 전쟁에서 덴마크는 남쪽 영토를 잃었다.

총명한 사람들마저도 당시의 민중에 관한 나의 판단이 한때 약간 지나쳤다고 생각하였다면, 이제 1848년이라는 해는 현실적인 광폭한 세태의 덕분에(사실 그것은 외톨이의 초라한 목소리에 비하면 보다 효과적이어서, 마치 광폭한 폭풍우와도 같다), 이제는 나의 방식이 오히려 미온적이었다는 불평까지도 나올 정도다.

그리고 저 '외톨이'라는 범주는 색다른 것이고, 또 색다른 인간의 발명품으로 간주되고 있다 – 아닌 게 아니라 사실 그것은 기묘한 것이다. 왜냐하면 어떤 의미에서 그것을 발명한 사람은 바로 소크라테스였고, 또 그는 바로 그의 시대에서는 '가장 색다른 사람'이라고 불렸기 때문이다.

내가 그 당시 이 범주를 일깨웠다고 하는 명예로운 사실은 어떤 하나의 왕국과도 바꿀 생각이 없다. 만일 군중이 바로 그 악이라고 한다면, 또 만일 우리를 위협하고 있는 것이 바로 혼돈이라고 한다면, 구원은 오로지 또 한 가지, 즉 외톨이가 되는 길, 다시 말해서 본질적인 범주로서의 '저 외톨이'라는 사상 속에만 있다.

나는 하나의 승리를 체험하였다. 그리고 그것은 하나의 승리에 불과하였지만, 그것이 나를 절대적으로 만족시켜 주었고, 그래서 한 사람의 사상가로서 나는 이 세상에서 그 이상의 아무것도 요구하지 않는다.

불과 과거 몇 개월에 걸쳐 일어난 혁명적이고 세계사적인 사건은 우왕좌왕하고 있는 여러 사상의 우왕좌왕하는 대변자로서 설익고 몽상적인 인간들을 배출하였다. 그리고 다른 한편으로는, 그때까지 각양각색의 방법으로 여론을 주름잡고 있던 족속들은 모두가 침묵을 지켰다. 그 사건은 침묵을 지키게 하였거나 아니면 당황한 나머지 황급히 전혀 새로운 옷을 만들어내야만 하게 하였다.

모든 체계가 산산조각이 났다 – 겨우 몇 개월 동안에 마치 현 세대와 앞선 세대 사이에는 하나의 완전한 세대가 개재한 듯이 완전히 박살이 나고 말았다.

이런 일대 변혁이 진행되는 동안 나는 꼼짝 않고 앉아서 이전에 탈고한 책*의 교정쇄를 읽고 있었다. 거기에는 한 마디도 더하거나 뺄 것이 없었다. 거기에는 나라고 하는 '색다른 사상가'가 이미 수년 동안에 걸쳐 제시하여 온 사상이 담겨 있었다. 그것을 읽는 사람은 누구나 그것이 그 변혁 이후에 쓰인 책이라는 인상을 받을 것이다. 이러한 세계사적인 변혁, 고대 세계의 붕괴마저도 그렇게까지는 장대하지 못하였을 정도로 굉장했던 그 변혁은, 당시 저술가였던 모든 사람에게는 절대적인 '엄격한 시험'**

* 『그리스도교의 훈련』을 말함. 1848년 3월 6일에 인쇄를 맡겼고, 같은 해 4월 26일에 출판되었다.

** 성직자로 구성된 고시위원회의 신학시험. 독일에서 그렇게 불렀다. 특히 신앙의 정통성에 관해서 엄격한

이었다. 나는 승리감을 체험하였다 – 내가 쓴 내용의 일점일획도 수정하거나 바꿀 필요가 없다는 승리감과, 내가 그 사건 이전에 쓴 것을 누군가가 지금에 와서 읽는다면, 내가 썼던 당시보다도 더욱 잘 이해될 것이라는 승리감을 체험하였다.

여기서 한 가지만 더 첨언해 두겠다.

어느 날엔가 나의 애독자가 나타나면, 내가 풍자가로 간주되고 있을 당시에 '지극히 존경받고 있던 대중들'이 생각하고 있었던 곳에서는 결코 풍자를 찾아보지 못할 것이다. 나의 애독자가 대중이 풍자를 이해할 수 있다고 생각할 정도로 어리석을 수도 없거니와, 그것은 마치 집단적으로 외톨이가 된다는 것이 불가능하다는 것과 마찬가지라는 것은 두말할 필요도 없다.

나의 애독자는 이 심미적인 저술가 안에, 그리고 이 세속적인 모습 안에 그 종교적인 저술가가 숨어 있다는 바로 그 사실에 풍자가 도사리고 있음을 알게 될 것이다.

종교적인 저술가였던 나는 그 당시 나의 생활비 전부와도 맞먹을 정도의 많은 돈을 자신의 종교성을 높이기 위해 탕진하고 있었다. 뿐만 아니라 나의 애독자는 풍자가 다시금 다음 시기에도 나타난 사실과, 그 풍자가 당시의 지극히 존경받고 있던 대중

심사를 하였다.

들이 미친 짓이라고 생각한 바로 그 일 속에 도사리고 있다는 사실을 알 수 있을 것이다.

풍자적인 세대, 즉 엄청난 바보들의 집단이 살고 있는 시대에 있어서는 진정한 풍자적인 인간으로서는 일체의 관계를 뒤집어 놓고, 자기 자신이 모든 사람의 풍자의 대상이 되는 수밖에 달리 할 일이 없었다.

나의 애독자는 그것이 얼마나 빈틈없이 들어맞았으며, 또 나의 실존관계가 얼마나 정확하게 나의 저술활동에 요구되는 조건들과 상응하게끔 변모되었는가를 알 수 있을 것이다.

만일 내게 그럴만한 눈과 충분한 용기가 없었다면, 또 만일 내가 나의 저술활동의 방향만 바꾸고 나의 실존관계를 바꾸지 않았다면, 상황은 비변증법적이 되었을 것이고 혼란을 초래하였을 것이다.

나의 저술활동에 있어서의 하느님의 섭리의 역할

이상에서 내가 쓴 내용은, 어떤 의미에서는 내가 쓰고 싶었던 것도 아닐뿐더러, 즐거운 것도 아니다. 자기 자신에 관해서 그렇게도 많은 말을 해야만 한다는 것은 고통스러운 일이 아닐 수 없다. 만일 하느님께서 원하셨더라면, 나는 내가 침묵을 지키고 있던 기간보다 더 오래 침묵을 지켜야 했을지도 모른다.

그렇다. 어쩌면 나는 나의 노력이, 나의 문필활동처럼 밤낮없이 나를 사로잡고 있는 문제에 관하여 죽기까지 침묵을 지켜야 했을지도 모른다.

그러나 이제 나는 하느님께 감사한다. 이제 나는 자유롭게 숨을 쉰다. 이제 나는 능동적으로 말하고 싶은 충동을 느낀다. 이제 나는 생각하고 말하는 것이 헤아릴 수 없으리만큼 즐거운 경지에 도달한 것이다. 그러므로 나의 이 하느님 관계야말로 여러모로 고통스럽고 불행하였던 나의 생에 있어서의 '행복한 사랑'이라 하겠다.

그리고 이 사랑의 이야기는(감히 내가 이렇게 불러도 좋을지 모르겠다), 진정한 사랑의 이야기라는 본질적인 표지를 가지고 있다. 그것은 다름 아닌 다음과 같은 사실 때문이다 – 즉, 단 한 사람만이 그것을 이해할 수 있다는 사실과, 오로지 사랑하고 있는 단 한 사람에게만 말하는 절대적인 기쁨이 있다는 사실이 바로 그것이다(여기서 사랑하는 사람이란 그에게 사랑의 은혜를 베풀어 주시는 분*을

---

* 아마도 이제는 독자도, 인간적으로 말해서, 나의 전체 저술활동의 불행이 어떤 것이었는가에 관해서 이미 인식이 됐을지도 모르겠다. 나를 적극적으로 사태와 정면으로 맞붙어 싸우지 못하고 더욱더 무용지물처럼 멀찌감치 서 있게 만든 것은, 그것이 너무나도 종교적이었고 혹은 저자의 실존이 너무나도 종교적이었다는 사실과, 저자로서의 저자가 절대적으로 나약했고, 따라서 절대적으로 하느님을 필요로 했다는 사실에 있다. 만일 저자가 덜 나약했다면, 즉 인간적인 의미에서 더 강했다면(다시 말해서 덜 종교적이었다면), 그는 의당 자신의 저술활동을 자신의 것으로 선포하였을 것이고, 아마도 몇몇 절친한 지기와 벗들을 만들었을 것이고, 자기가 제시한 것을 미리 다른 사람들에게 알렸을 것이고, 그들과 그것에 관해서 의논을 했을 것이고, 그들의 협조를 구했을 것이다. 그랬더라면 이번에는 그들이, 마치 대부(代父)들처럼 설치며 다른 사람들을 모았을 것이고, 그래서 멍청히 서 있는 존재가 되기는커녕, 나의 저술활동은 순간과 뒤엉켜서 순간 속에서 효력을 발휘했었을 것이다. …… 하기야 하느님 자신도 유한적인 의미에서는 그 무엇보다도, 그리고 그 누구보다도 무용지물이시다. 아마도 이제는 독자도 어째서 내가 그렇게도 많은 노력과 희생을 무릅쓰고 날이면 날마다 눈에 보이는 비진리를 막기 위하여 동분서주하였는지를 인식할 수 있을 것이다 – 비진리, 나에게도 돈과 명예와 명성과 박수갈채 따위를 가져다주었을 비진리, 또 '제가 말씀드린 바는 시대가 요구하는 것이고' 라든가, '이는 지극히 존경하옵는 대중의 신중한 판단의 소산이고' 라든가, 또 '그것의 성공 역시 마찬가지로 지극히 존경해 마지않는 대중의 지지와 찬성에 힘입은 바 있는 것이다' 라는 등

말한다). 그렇지만 다른 사람들에게 이것에 관해서 말하는 것도 역시 하나의 기쁨이 아닐 수 없다.

날이면 날마다 그리고 해를 거듭할수록 내가 하느님의 사랑을 필요로 했으며, 또 계속 얼마나 그것을 필요로 했는가에 관해서는 그것을 기억해내거나 정확히 보고하기 위해서 기억이나 추억의 도움을 받거나, 일기나 비망록을 뒤적거리거나 할 필요도 없거니와, 또 그 양쪽을 대조하여 검토할 필요도 없다. 그럴 정도로 나는 이 순간에 있어서 마저도 지극히 생생하게 그 분위기

의 비진리 바로 그것이다. 이와는 정반대로, 하느님을 두려워하고 또 하느님을 사랑하며, 나는 밤잠도 자지 않고 다음과 같은 진리가 표현되는 것을 보증하기 위해서 감시를 해야만 했다 – 즉, 내가 의지하는 것은 오로지 하느님의 도움뿐이라는 사실과, 나에게 가해진 불법행위를 제외하고는 내가 대중이나 시대에 대하여 무엇 하나 빚진 것이 없다는 사실이다. 나는 또 아무것도 저지르지 못하는 주제에 총회니, 협회니, 위원회니 하는 것들을 설립하고는, 그런 것들의 개회다, 속행이다, 해산이다 라고 떠들고 있는 시대에 있어서, 바로 이런 때에 한 사람의 연약하고 외로운 인간이 자신의 재능을 다 바쳐서 그렇게도 큰 규모로 활동하여, 어떤 한 위원회 이상의 일을 해냈다는 사실을, 활발한 경고를 이 시대에 퍼부음으로써 진리가 표명되도록 보장하는 것을 감시해야만 했다. 간단히 말해서 나의 의무는 나의 개인적인 실존과 나의 저술가로서의 존재를 통하여, 내가 매일 새롭게 명심하고 확신하는 진리, 즉 하느님은 실재하신다는 진리를 표현하는 것이었다. 아마 이제는 독자도, 한정된 의미에서 나 자신이 노력과는 반대되는 행동을 취하지 않을 수 없었다고 하는 이유를 이해할 수 있을 것이다. 그것은 다름이 아니라 내가 전적으로 책임을 진다는 것을 보증하기 위해서였다. 어떤 경우에도 나는 전적으로 혼자여야만 했고, 절대적으로 혼자여야만 했다. 그렇다. 나는 나의 책임이 지나치게 가벼워지지 않기 위해서 남들의 협조마저도 거절해야만 하였다. 단 한 사람의 벗이나 협력자가 있어도 이 책임은 파탄을 초래한다 – 하물며 한 세대 전체의 도움을 받을 때야 두말할 필요조차 없다. 그러나 진리에 봉사함에 있어서 내가 명심한 사실은 다음과 같다 – 즉, 만일 내가 정도에서 벗어날 경우, 만일 내가 분수를 잊어버릴 경우, 만일 내가 하는 말이 비진리일 경우에 섭리가 절대적으로 나를 붙들어 줄 수 있게끔, 그리고 또 온갖 순간에 나의 뒤에서 감돌고 있는 이런 시련의 가능성 안에서 내가 각성하고 조심하고 순종할 수 있도록 명심하는 일이었다.

를 몸에 느끼며 살고 있기 때문이다. 대담성이나, 열광이나, 광기에 가까운 정열 등의 문제에 관해서 이 펜이 묘사하지 못한 것이 있었던가!

그리고 내가 나의 하느님 관계에 관해서 말하려는 지금 – 즉, 내가 기대할 수 있었던 이상으로 무한히 많이 하느님께서 나에게 베풀어주신 형언할 수 없는 일들에 대한 기도 속에서 보낸 나날에 관하여 이야기하려는 지금, 또 하느님에 대한 놀라움과 인간의 무력함이 하느님의 도움을 받아 할 수 있다는 사실에 대한 놀라움을 나에게 가르쳐 준 경험에 관해서 이야기하려는 지금, 또 영원을 사모하고 비록 영원이 지루한 것처럼 보일 때도 두려워하지 말라, 영원이야말로 바로 그대가 필요로 하는 경지고 감사를 드려야만 할 유일한 것이라고 가르쳐 준 것에 관하여 이야기하려는 지금, 바로 이런 것들에 관하여 이야기하려는 지금, 나의 영혼 속에서는 시인詩人의 조바심이 눈을 든다.

'나의 왕국쯤은 말 한 필과도 바꿔주마' 하고 외친 저 왕*보다도 결단성 있게, 그러나 그와는 달리 기쁨에 넘친 결단력을 가지고, 나는 나의 생명까지도 포함하여 일체의 것을 바칠 것이다 – 즉, 사상이 사랑하는 사람이 사랑을 받을 사람을 찾았을 때보다

* 셰익스피어, 「리차드 3세」 제5막 4장 참조.

도 더 행복한 것을 찾을 수 있기 위하여, 다시 말해서 사상이 자신의 '표현을 찾아내고 그 표현을 나의 입술에 간직한 채로 죽기 위해서' 나는 일체를 바칠 것이다.

그런데, 보라! 이제 그것이 자신의 모습을 나타냈다 – 동화의 동산에 있는 과일과도 같이 매혹적일 뿐만 아니라, 그렇게도 풍요하고 따사롭고 다정한 사상이, 그리고 나의 속에서 보채는 감사의 충동을 그렇게 용케도 진정시키고, 나의 타오르는 그리움을 용케도 냉각시켜 주는 표현이 모습을 나타냈다. 비록 나에게 날개가 돋은 펜이 있었다고 해도, 그렇다. 그런 펜이 열 개가 있다고 해도, 그 자체가 펼쳐 보이는 값진 보물들을 낱낱이 따라가며 충분히 묘사할 수가 없을 것이다.

그러나 이렇게 펜을 손에 쥐어도 바로 그 순간, 마치 사람들이 손이나 발을 움직일 수가 없다고 할 때와도 같이 나는 펜을 움직일 수가 없다. 이런 상황 속에서는 나의 이런 하느님 관계에 관해서 단 한 줄도 종이에 쓸 수가 없다.

나에게 다음과 같이 말하는 목소리가 들려오는 것 같다.

'바보 같은 녀석, 도대체 그 자는 무엇을 하고 있지?'

그 자는 하느님께서 숫양의 비계보다는 순종을 더 좋아하신다*는 사실을 모르고 있는 것일까? – 그러니 모든 일을 의무라고 생각하라고. 그러자 나는 완전히 마음의 평정을 찾았다. 그러자 나의 느린 펜을 가지고 거의 고통스러울 정도로 한 자 한 자 써 내려갈 수 있을 만큼 충분한 시간이 생겼다.

그리고 만일 그 시인적인 조바심이 한 순간일망정 다시금 나의 속에서 눈을 뜬다면, 나는 마치 선생이 학생에게 다음과 같이 타이르는 목소리를 듣는 것처럼 느껴진다.

> '이제 펜을 똑바로 잡아라. 그리고 한 자 한 자를 똑같이 정확하게 써라.'

그러면 나는 그렇게 할 수 있다. 그러면 나는 감히 다르게는 할 수가 없다. 그러면 나는 다음에 써야 할 말과 줄을 거의 몰라도 한 마디, 한 줄을 정확하게 쓴다. 그러면 후에 가서 다시 읽어 볼 때, 그것은 전혀 색다른 방법으로 나를 만족시킨다. 왜냐하면 비록 몇몇 타오르는 듯한 표현이 내게서 빠져나간다고 해도, 작품은 전혀 다른 것이 되기 때문이다. 그것은 시인이나 사상가의 정열이 아니라 경건한 인간의 소산이고, 나에게는 그것이 하느

* 사무엘전서 15장 22절 참조.

님에 대한 봉사이다.

그러나 지금 이 순간에 내가 체험하고 있고 또 지금까지 체험하여 온 것은 저자로서의 나의 전체 활동기간 동안에 계속해서 체험해 온 일이다.

'시인'은 시상을 얻기 위하여 시의 신神에게 기원한다고 한다. 사실 나에게는 그런 일이 한 번도 없었다. 나의 개성은 그런 일을 이해하는 것조차 거절한다. 오히려 반대로 나는 사상의 풍요함이 지나치게 커지지 않도록 억제하기 위하여 매일같이 하느님을 필요로 하였다.

만일 어떤 사람에게 그런 제작의 재능과 함께 연약한 건강을 부여한다면, 그가 기도를 배우게 되는 것도 당연한 일이다. 나는 어떤 순간에도 다음과 같은 비범한 재주를 부릴 수 있었고, 또 지금도 여전히 부릴 수 있다 – 즉, 나는 앉아 있을 수가 있다면, 하루를 꼬박 그리고 다음 날도 꼬박 밤낮으로 계속 글을 쓸 수가 있었다. 왜냐하면 쓸 수 있는 충분한 소재가 있었기 때문이다. 그러나 만일 내가 그렇게 했더라면 나는 쓰러졌을 것이다.

오호라, 약간이라도 섭생을 게을리 하여도 나는 생명의 위협을 받는다. 앞에서도 언급한 대로 내가 순종을 배우고, 내가 엄격한 청부請負 사업이기나 한 것처럼 그 일을 하고, 내가 펜을 단단히 붙들고 애써 또박또박 한 자씩 써내려 간다면, 나는 그 일을 할 수 있다. 이렇게 해서 나는 내가 낳은 사상에서 맛본 기쁨보다도 더 많은 기쁨을 하느님께 순종하는 관계에서 허다히 맛보았다.

쉽게 알아볼 수 있듯이, 이것은 다음과 같은 사실을 표현하는 말이다. 즉, 나는 하느님과 직접적인 관계를 맺었다고 주장할 수는 없다. 또 나는 하느님께서 직접적으로 나에게 사상을 주입시켰다고는 말할 수도 없거니와, 또 감히 말할 수도 없다. 나의 하느님에 대한 관계는 반성적인 관계이고, 반성에 있어서의 내면성이고, 일반적으로 말해서 반성은 나라고 하는 인간의 특징이고, 따라서 기도에서마저도 이런 감사가 강하게 나타난다.

이리하여 저술가로서 나의 저술활동의 과정 전체에서, 나는 나의 일을 하청받은 듯이 단조롭게 할 수 있기 위하여 항상 하느님의 도움을 필요로 하였다. 그 일을 하기 위하여 나는 매일 일정한 몇 시간을 할당하였고, 그 일 이외에는 다른 일을 할 수가 없었다. 그리고 만일 단 한 번이라도 그 규칙을 어기면, 나는 값비싼 대가를 치러야만 했다.

천재가 번개처럼 무대에 등장하여 난잡하게 피날레를 장식하는 따위만큼이나 나의 제작과정과 어울리지 않는 것은 없다. 본질적으로 나는 경리과의 경리직원처럼 살아왔다. 말하자면 나는 애초부터 구속을 당한 사람이었고, 매순간 주역을 담당하고 있는 것은 내가 아니고, 주님을 따를 뿐이라는 사실을 느꼈다. 나는 하느님께서 당신의 전능과 나의 무력을 알려 주었을 때 두려움과 떨리는 심정으로 그 사실을 감지하였고, 내가 하느님께로 돌아가서 그분에 대한 절대적인 복종으로 생각하고 나의 일을 하였을 때 형언할 수 없는 희열을 느꼈다.

나에게 위임된 비상한 천품이라는 것이 만일 내가 순종하지 않을 경우에는 그것이 나를 쓰러뜨리도록 탄력성 있게 예방책이 강구된 것으로서 위임되어 있다는 사실에 변증법적인 요소가 깃들어 있다. 그것은 마치 아버지가 자식에게 다음과 같이 말하는 것과도 같다.

> '네가 다 가져도 좋다. 그것은 네 것이니까. 그렇지만 만일 네가 아버지의 말을 어기고 내가 원하는 대로 사용치 않으면……, 좋아, 나는 별로서 그것을 네게서 빼앗지는 않겠다. 그것을 네 것으로 가져도 좋지만…… 그것이 너를 박살내 버릴 게다.'

하느님이 없는 나는, 나 자신이 너무나도 강해서, 아마 나는 가장 비참한 방식으로 분쇄되고 말 것이다. 내가 저술가가 된 이래로, 나는 다른 사람들이 불평을 하듯이, 사상의 고갈이니 표현력의 감퇴니 하는 따위는 단 하루도 경험해 본 적이 없다. 만일 그런 일이 나에게 일어났더라면, 그것이야말로 급기야는 사실상 완전히 해방된 하루를 얻을 수 있는 기쁨의 계기가 되었을 것이다. 그러나 나는 대개의 경우 압도당할 정도로 풍요함을 체험하였지만, 그런 시간에도 순간순간을 풍족함 속에서 굶주리는 무서운 고문의 공포를 맛보았다 – 만일 내가 한순간일망정 순종을 배우지 않고, 하느님께서 나를 돕도록 허용하지 않고, 마치 청부 맡은 일을 조용히 서둘지 않고 꼬박꼬박 수행하지 않으면 말이다.

그러나 다른 의미에서도 나는 여전히 저술가로서의 나의 저술활동을 하는 동안에, 오랜 세월을 두고 날이면 날마다 하느님의 도움을 필요로 하였다. 하느님이야말로 나의 유일한 절친한 친구였고, 하느님께서 인지하고 계시다는 것을 믿고서만 나는 내가 감행한 바를 감행할 수 있었고, 내가 인내한 바를 인내할 수 있었고, 광대한 저 세상에서 글자 그대로 동떨어져 혼자 있다는 체험 속에서도 희열을 느낄 수 있었기 때문이다.

동떨어져서 혼자…… 왜냐하면 내가 어디에 있었건 간에, 모든 사람들이 있는 곳에 있었건, 친숙한 친구들이 있는 곳에 있었건, 나는 항상 속임수의 옷차림을 하고 있었기 때문에 동떨어져 혼자였다. 그래서 나는 칠흑 같은 밤의 암흑 속에 있는 것보다 더 동떨어져 혼자였다.

동떨어져 혼자…… 공포와 위험이 도사린 미국의 원시림 속에 있었기 때문에 혼자였던 것이 아니라, 가장 무서운 '현실' 마저도 기분전환과 위로로 바꿔버리는 저 가장 무서운 '가능성' 이라는 동반자 속에 있었기 때문에 동떨어져서 혼자였다.

인간의 말이란 말은 거의가 다 나를 공격하는 것이었기에 나는 혼자였다. 육체 속에 들어 있는 가시에 관한 성경구절*에 대한 새로운 주석을 여러모로 나에게 가르쳐 준 고통으로 인해서 나는 혼자였다. 친구들의, 아니 가능하다면 전 인류의 지원이 필요할 여러 가지 결단을 하느라고 나는 혼자였다. 하느님께서 안 계시다면 나의 상상력으로 어떤 사람이건 광기狂氣에 이르게 할 변증법적인 긴장 속에서 나는 혼자였다. 죽음에 이르게 할 정도의 불안 속에서 나는 혼자였다. 비록 내가 원했다고 해도, '단 한 사람' 에게나마 나를 이해시킬 수 있는 존재가 없었기에, 존재의 무의미성에 직면하여 나는 혼자였다.

그렇지만 '단 한사람에게나마' 라니, 이거 내가 무슨 말을 하고 있는 것일까? 아니다. 나는 '그 한 사람이 없었기' 때문이라는 평범한 표현을 할 수가 없었던 때가 여러 번 있었기 때문이

---

* 고린도후서 12장 7절. 1844년에 출판된 『네 개의 건덕적인 강화』에 수록된 「육체의 가시」는 바로 이 말을 다루고 있다. 키에르케고어는 자신이 걸머지고 있는 육체적-정신적인 십자가를 상징적으로 육체의 가시라고 부르고 있다. 이 가시가 과연 현실적으로 무엇을 의미하였는지는 분명치가 않다.

다. 이제 와서 그런 식으로 몇 해가 지나간 것을 생각하면, 나는 치가 떨린다. 만일 한 순간일망정 내가 앞을 잘못 내다보면, 나는 깊은 심연으로 빠져 들어갈 것이다. 그러나 내가 올바르게 앞을 내다보고 하느님께서 인지하고 계시다는 확신을 가지고 믿음 속에서 평안을 찾는다면, 나는 다시금 희열을 찾을 것이다.

그러면 이제 이하에서 자세히 설명하기로 하자.

어떻게 내가 하느님의 현존하는 도움을 받았는가를 설명한다고 해도 부질없는 짓이다. 뭐라고 설명할 수 없는 상황 속에서 이유도 모르면서도 이유를 물어볼 생각도 않고, 내가 타고난 기질이 시키는 대로 일을 한 적이 한두 번이 아니었다. 그런 때의 그 일이란 나에게는 거의 우연에 가까운 순전히 개인적인 의미밖에는 지닐 수 없었지만, 후에 가서 나의 저술활동 전체와의 관계를 살펴보면 전혀 판이한 것이었고, 순수하게 이념적인 의미를 가지고 있는 것으로 판명되곤 하였다. 이상하게도 내가 개인적으로 한 일의 대부분이 내가 생애에서 저자로서 꼭 해야만 했던 일들이었다.

나의 생애에서 사소하고 우발적인 것으로 생각되는 일들이(물론 이것들은 나의 상상력에 의해서 확대되었지만), 어떤 결정적인 상황 속으로 몰아넣고 말았다는 사실은 지금도 뭐라고 설명할 수가 없다. 그런 상황 속에서 나는 나 자신을 이해할 수가 없었고 우수

憂愁에 젖었다. 그런데 보라! 바로 그 상황에서 하나의 기분氣分이 탄생하였다. 그리고 바로 그 기분이야말로 바로 이때에 내가 몰두하고 있던 일에는 필요불가결한 것이었다.

나의 저술활동에서는 결코 제동이 걸려서 고생한 일이 없었다. 내가 필요로 하는 것은 무엇이나 그것이 필요한 바로 그 순간에 항상 수중에 있었다. 나의 저술의 전체는 어떤 의미에서는 단절이 없는 동일한 보조로 이루어졌다. 그것은 마치 인쇄된 책을 매일 일정한 분량만큼 필기하는 일 이외에는 달리 할 일이 없는 것과도 같았다.

그러나 이 결산 보고서에서 나는 나의 저술활동에 있어서의 섭리의 역할에 관해서 좀 더 소상하게 살펴보아야 하겠다. 만일 내가 나의 저술 전체의 변증법적인 구조를 처음 순간부터 전망하고 있었다든가, 혹은 모든 순간에 있어서 단계별로 미리 가능성을 낱낱이 검토하고 있었기 때문에 후에 뒤따르는 반성은 나에게 아무것도 가르쳐 준 바 없다. 또 가끔일망정 내가 한 일은 확실히 옳았지만, 단지 내가 옳았다는 것을 후에 가서야 완전히 이해할 수 있게 된 일은 전혀 없었다 – 만일 내가 이런 말을 하려고 한다면, 그것은 하느님을 부인하는 일이고, 하느님에 대한 불성실일 것이다.

그렇다. 나는 다음과 같이 말해야만 한다 – 나는 그 전체를 이해하지 못한다. 그것은 바로 내가 가장 하찮은 세부에 이르기까지 전부를 이해하고 있기 때문이지만, 내가 이해할 수 없던 것을 지금은 내가 이해할 수 있지만, 시작한 바로 그 순간에 나는 그것을 정확하게 이해하였다고는 결코 말할 수 없다. ……그렇지만 그것을 해낸 것은 바로 나고, 나는 그것을 한 단계마다 반성을 통해서 해냈다.

나의 저술활동 전체에 관한 개념도 가지고 있지 못하면서, 사람들은 터무니없는 말투로, 몇몇 사람들이 나에 관해서 말하고 있듯이, 나를 반성의 천재라고 말함으로써 이런 일들을 설명해 버릴 수도 있다. 그러나 나는 나 자신이 바로 내게 반성이라는 말을 적용하고 있는 정당성을 알고 있기 때문에, 이런 식으로 반성과 천재를 같은 위치에 놓고서는 아무것도 설명할 수가 없다는 사실을 몰라보기에는 나는 그야말로 너무나도 반성적이다. 왜냐하면 사람이란 그가 가지고 있는 천재성만큼은 반성을 가지고 있지 못하고, 또 그 반대 역시 참이고, 반성이야말로 바로 직접성의 부정이기 때문이다.

만일 이제 내가 저술가로서의 나의 저술활동 전체에서 차지하는 섭리의 역할을 가장 명확하고 결정적으로 표현해야만 한다면, 나로서는 다음과 같이 말하는 이상으로 명료하고 결정적인 표현이 없다고 생각한다 - 즉, 나를 교육한 것은 섭리고, 그 교육이 저술활동의 과정에 반영되었다.

이런 관점에서 본다면, 내가 앞서 심미적인 저술 전체는 하나의 속임수에 불과하다고 한 말은 전적으로 진실이 아니라는 사실을 인정해야 할 것이다. 왜냐하면 그 표현은 약간 지나치게 의식적인 면을 강조하고 있기 때문이다. 그렇지만 동시에 그 표현이 전적으로 거짓말이라고는 할 수 없다. 왜냐하면 나는 교육을 받고 있는 동안, 그것도 처음부터 그것을 의식하고 있었기 때문이다.

그 과정은 다음과 같다 - 즉, 시인적이거나 철학적인 성격 같은 것은 그리스도인이 되기 위해서도 옆으로 제쳐놓아 두어야 한다는 것이다. 그러나 보통과 다른 점은, 그 두 개의 운동이 동시에 시작되었다는 사실과, 따라서 그것은 하나의 의식적인 과정이라는 사실이다. 사람들은 그것이 어떻게 이루어졌는지를 알 수 있을 것이다.

제2의 운동은 제1의 것과 동떨어져서 몇 해 후에 나타난 것이 아니다. 그러므로 심미적인 저술은 확실히 속임수이지만, 다른 의미에서는 그것은 하나의 불가피한 배설排泄이었다. 종교적인 것은 이미 최초의 순간부터 확고하게 현존하고 있었고, 또 결정적인 우위를 차지하고 있었다. 그러나 그것은 잠시 동안 시인이 자신의 말을 다 쏟아놓기를 참을성 있게 기다린다. 그렇지만 그렇게 하고 있는 동안에도 시인이 농간을 부려서 전체가 시인화詩人化되지 않도록 확인하기 위해서 아르고스*의 눈을 가지고 감시하고 있는 것이다.**

이상의 관점으로 보아 이 시대에 대한 나의 저술활동의 의미가 가장 잘 나타나 있다고 나는 생각한다. 만일 한 마디로 이 시대에 관한 나의 판단을 표현한다면, 나는 이 시대는 종교적인 교육을 결여하고 있다고 말하겠다(물론 이 말을 가장 넓고 깊은 의미로 이해해서 말이다).

그리스도인이 되고 그리스도인으로 존재한다는 것이 이제는 하찮은 일이 되어 버렸다. 심미적인 것이 공공연히 활개를 치고 우위에 도사리고 있다. 사람들은 단순한 그리스도인이라는 존재를 넘어섬으로써(하기야 모두가 당연히 그리스도인이니까), 그리스도교

---

* 그리스 신화에 나오는 거인. 그는 많은 눈을 가지고 있었고, 감시임무에 있을 때는 눈을 교대로 뜨고 감시에 임했다고 한다.

** '시인'은 제거되어야만 한다는 이 사상은 이미 『이것이냐 / 저것이냐』에서도 그 표현을 찾을 수 있다. 물론 저술활동 전체에서 본다면 '시인'에서 탈출해야 한다느니, 혹은 '시인'을 피해야 한다느니 하는 이 말은 『이것이냐 / 저것이냐』의 2부가 설명할 수 있는 것보다는 훨씬 더 깊은 의미를 가지고 있다. 이것이 『이것이냐 / 저것이냐』에도 해당된다는 사실은 이미 『후서』의 188p 21행 이하에서 언급하고 있다. 사실 『이것이냐 / 저것이냐』에서 이루어진 이행移行은 실질적으로는 시인으로서의 실존으로부터 윤리적인 실존으로의 이행이다.

라는 음식접시에다 혼합물을 가미한 세련된 심미적이고 지적인 이교異教로, 혹은 그 속으로 다시 되돌아가고 있다.

그러므로 그리스도교계에서 살고 있는 대부분의 사람들에게 부과된 사업은 다음과 같다 – '시인'으로부터 떠나라! 혹은 시인이 주장하는 삶에다 자신의 삶을 관계시키거나 위임하는 일을 그만두라. 사변思辨에서 떠나라. 자신의 삶을 실존하면서 살지 않고 사변 속에서 삶을 영위하는 환상적인 사변(실제로 이것은 불가능하다)에서 떠나라. 그리고 그리스도인이 되어라!

시인적인 것으로부터 떠나는 제1의 운동은 나의 저술활동 전체 중에서 심미적인 저술의 전체적인 의미가 수행하고 있다. 사변에서부터 떠나는 제2의 운동은 『결론으로서의 후서』가 담당하고 있다. 이 『결론으로서의 후서』는 나의 과제인 '어떻게 그리스도인이 되는가' 하는 문제를 밝히기 위해 심미적인 모든 저술을 끌어들이고 손질하는 동시에, 다른 한편에서는 이와 꼭 같은 운동, 즉 사변과 체계 등에서 떠나서 그리스도인이 되는 운동을 전개하고 있다. 그 운동은 '물러서라!'는 것이다. 그러므로 모든 것이 '권능'*이 없이 행해지는 것이지만, 그럼에도 불구하고 그 어

* '이것은 설교가 아니라 강화다. 저자는 설교를 할 권능을 가지고 있지 못하다'라는 뜻의 글이 모든 강화집의 서문에 실려 있다. '권능 없이'라는 말이 처음 사용된 것은 1843년에 발간된 『두 개의 건덕적인 강화』의 서문에서다.

조에는 폭도들과 대치하였을 때 '물러서라!' 고 외치는 경찰관을 상기시키는 그 무언가가 있다. 가명으로 된 저자들 중에 자신을 경찰관이니, 감시인의 한 사람이니 하고 부르고 있는 까닭*도 여기에 있는 것이다.

각설하고, 사실은 저자인 나 자신에 관한 이야기지만, 나의 의견에 의하면, 과연 이 시대에 대한 나의 관계는 어떤 것일까? 어쩌면 나는 '사도' 일까? 천만에, 당치도 않다! 나는 그런 판단을 꿈에도 해 본 적이 없다. 나는 가난하고 보잘것없는 신분의 인간이다.

그렇다면 나는 교사이고 교육자일까? 천만에, 절대 그렇지가 않다. 나는 교육을 받아온 측에 속하는 인간이고, 나의 저술은 어떻게 그리스도인이 되도록 교육하는가 하는 것을 표현하고 있다. 교육이 나에게 압력을 가하였을 때 그 압력만큼 나도 이 시대에 압력을 가하였을 뿐, 나는 교사가 아니라 단지 동료 학생에 불과하다.

나의 저술활동에 있어서의 섭리의 역할을 더욱 분명히 밝히기 위해서는 내가 저술가가 된 것은 과연 어떤 이유에서인가에 대하여 (내가 설명할 수 있는 범위 내에서의) 어떤 설명이 필요할 것이

---

* 예컨대 『불안의 개념』의 가명의 저자인 비길리우스 하우프니엔시스Vigilius Haufniensis는 '코펜하겐의 야경꾼' 이라는 뜻이다.

다. 나의 '전력前歷'(즉, 유년시절부터 저술가가 되기까지)에 관해서는 여기서 더 이상 길게 부연할 수 없다 – 극히 어렸던 시절부터 그리고 나의 발전 전체를 통하여 여러 단계를 거쳐 내가 지금의 이런 저술가가 되기까지 내가 받은 단련이 제아무리 나에게는 놀라운 일로 보일지라도, 나로서는 여기서 그것을 소상히 논할 여유가 없다.

그러나 이하에서 내가 언급할 문제와의 맥락상, 나의 어린 시절에 관한 몇 가지 특징을 마치 사람들이 내밀히 자기 자신에 관해서 말해야 할 때에 흔히 느끼게 되는 기분을 느끼며 망설이며 언급한다.

어린 시절부터 나는 엄청난 우수憂愁의 압력 밑에서 살아왔다. 이 우수의 깊이는 외견상의 쾌활함과 삶의 기쁨의 표정으로 우수를 감출 수 있는, 내가 타고난 엄청난 솜씨로써만 발견할 수 있는 것이었다. 얼마나 내가 나 자신을 불행하게 느끼고 있는가를 아무도 발견할 수 없으리라는 것이 나의 유일한 즐거움이었고, 나 자신도 거의 기억조차 할 수 없는 그 옛날부터 느껴온 즐거움이었다.

이 비율(즉, 우수와 가장술假裝術의 비중이 같다는 사실)은 내가 나 자신과 그리고 하느님과의 관계에 휘말려 들어가 있었다는 것을 의미한다. 어린 시절부터 나는 엄하게 그리고 진지하게 그리스도교의 교육을 받고 자라왔다. 인간적으로 말한다면, 그것은 미친 짓에 가까운 교육이었다. 우수에 찬 사람이었던 그 노인은 자기 자신이 그 우수의 중압 밑에서 허덕이고 있었지만, 그는 이미 내가 어렸을 적부터 그 우수의 중력을 나에게 올려놓고 있었기 때문에, 나는 그 밑에서 압도당했던 것이다.

이 무슨 미친 짓이란 말인가! 한 어린애가 한 늙은이로 분장되고 있었던 것이다. 무서운 일이다! 그러니 나에게 그리스도교가 가장 비인간적인 잔인성의 본체本體로 보인 때도 가끔 있었다고 해서 이상할 것이 없다.

그러나 비록 내가 그리스도교로부터 가장 멀리 떨어져 있었을 때라 할지라도, 나는 결코 그리스도교에 의지하는 일을 단념한 적이 없었고, 특히 만일 내가 그리스도인이 되는 것을 단념하였을 경우라도, 나만이 알고 있는 어려움, 일찍이 한 번도 들어보지도 못했고 읽어본 적도 없는 어려움을 결코 어떤 사람에게도 실토하지 않으리라고 굳게 마음속으로 다짐하였다. 그러나 나는 결코 그리스도교와 헤어진 적이 없었고, 또 그리스도교를 부인한 적도 없었다. 또 그리스도교를 공격할 생각은 한 번도 해본 적이 없었다.

천만에, 나의 힘을 그리스도를 위하여 사용할 수 있다고 생각한 그때부터 나는 전력을 다하여 그리스도교를 옹호하고, 어떤 경우에도 그리스도교를 그것이 지닌 참다운 모습으로 제시하려고 굳게 결심하였다. 왜냐하면 나는 내가 받은 교육 덕분에 그리스도교가 그 참모습으로 표현되는 일이 얼마나 드물고, 그리스도교를 옹호한다는 사람들이 얼마나 흔히들 그리스도교를 배반하고 있고, 그리스도교를 공격하는 사람들이 과녁을 맞히는 일이 얼마나 드문지를, 나는 벌써 오래 전부터 잘 알 수 있는 위치에 있었기 때문이다 - 사실 적어도 나의 의견에 따른다면, 그들은 흔히 정면으로 기성旣成 그리스도교계를 공격하고 있었고, 또 기성 그리스도교계는 오히려 진정한 그리스도교의 희화戱畵고, 혹은 진정한 그리스도교에다 약간의 약제를 섞은 엄청난 오해와 착각이라고나 해야 옳을 그런 것이다. 이렇게 어느 모로 보면 나는 그리스도교를 사랑하였다.

나에게는 그리스도교가 경외의 대상이었지만, 인간적으로 말한다면 그리스도교는 확실히 나를 심한 불행으로 몰아넣었다. 이 사실은 내가 가장 사랑했던 사람, 즉 나의 아버지와 나의 관계에 상응한다.

그러면 이 말은 무엇을 뜻하는 것일까? 핵심은 바로 그가 나를 불행하게 만들었다는 것이다. ……그것도 사랑하기 때문에 말이다. 그의 과오는 그에게 사랑이 없었던 데서 기인한 것이 아니라, 그가 어린애를 늙은이로 오인한 데서 기인한 것이다. 자신을 행복하게 해 주는 사람을 사랑한다는 것은 반성적인 정신에게는 사랑에 관한 한 부적당한 정의定義다. 적개심을 품고 자신을 불행하게 만든 사람을 사랑한다는 것은 덕德이다. 그러나 비록 오해 때문이긴 하지만 사랑 때문에, 그렇다, 사랑 때문에 자신을 불행하게 만든 사람을 사랑한다는 것 – 이것은 내가 아는 한에 있어서는 이제까지 한 번도 선포된 일이 없는 공식公式이다. 그럼에도 불구하고 이것은 반성적인 사랑에 있어서는 상례적인 공식이다.

나는 이렇게 해서 인생 속으로 뛰어들었다. 지적인 천품이나 외적인 환경에 관한 한 나는 모든 점에서 유리하였다. 나는 나의 정신을 가능한 한 풍요롭게 하기 위하여 모든 일을 하였고 또 계속하여 수행하였다. 자신만만하게, 그러면서도 고통을 당하는 일에 대해서와, 어떤 면에서건 억압을 받고 고민하는 사람에게는 결정적인 동정과 편애를 느끼면서, 나는 어떤 의미에서는 앞뒤를 돌아보지 않는 거만한 태도로 인생 속으로 뛰어들었다.

나는 어떤 순간에도, 인간은 자기가 원하는 것이면 무엇이든 할 수 있다는 신념을 저버린 일이 없었다 – 단 한 가지만을 제외하고는 다른 일체의 일은 무조건 할 수 있다고 생각했다. 그러나 단 한 가지, 즉 나를 사로잡고 있었던 우수憂愁를 떨쳐버리는 일만은 불가능하다고 생각하였다.

내가 하는 말이 다른 사람들에게는 공허한 과장으로 생각될 것이지만, 내게 있어서는 그것이 진실이었고, 또 다음에 언급하는 내용 역시 진실이다 – 물론 이것 역시 다른 사람들에게는 헛된 과장으로밖에 생각되지 않을지 모르겠다. 나는 내 위에 설 만한 사람이 일찍이 현대에 살아 있었거나 혹은 태어나 있다고는 생각해 본 적이 없다 – 그러면서도 나는 나의 가장 깊은 곳에 도사리고 있는 자기 속에서는 세상의 어느 누구보다도 비참했다.

비록 내가 아무리 엄청나고 무모한 일을 시도한다고 해도, 나는 내가 그것을 극복하지 못하리라는 생각은 꿈에도 해본 적이 없다. 그러나 단 한 가지만은 예외였다.

다른 모든 것은 절대적으로 자신이 있었지만 한 가지 일만은, 즉 우수를 극복하는 일만은 불가능하였다. 이 우수는 단 하루도 나를 완전히 자유롭게 내버려두지를 않았다.

그러나 이것은 다음과 같은 문맥으로 이해되어야만 한다 – 즉, 극복한다는 것은 무한한 의미에서 극복하는 것을 뜻하고, 유한한 의미에서는 고통을 받는 것을 의미한다는 생각을 나는 예전부터 간직하고 있었다는 식으로 이해되어야 할 것이다. 그러므로 이 말은 우수에 사로잡힌 나의 영혼의 근심, 즉 유한한 의미에서는 나는 아무런 쓸모가 없다는 생각과 서로 상응하는 것이다.

내가 나의 운명과 나의 고뇌와 화해할 수 있었던 것은, 그렇게도 불행하였고 그렇게도 고뇌에 시달렸던 내가 속일 수 있는 무한한 자유를 얻음으로써 나의 고통을 간직한 채로 절대적으로 혼자일 수 있게 되었기 때문이다. 물론 나의 내부에는 나의 다른 능력들이 나를 마음껏 즐겁게 해주지 못하도록 방해하는 것들이 허다하게 있었다는 것은 두말할 필요도 없다.

이러한 것들이(즉, 그런 고통과 그런 엄격한 조건들) 주어졌을 때, 이런 내적인 고통이 인간을 증오하고 하느님을 저주하는 표현을 통하여 만족을 얻느냐, 아니면 그와는 정반대 방향을 취하느냐는 개개인의 개인적인 성격에 달려 있다. 나의 경우는 후자였다.

나의 기억을 더듬어 올라가 보아도, 나로서는 남들에게 위로나 도움을 받을 수 없다고 나 자신에게 굳게 다짐하고 있었다. 나에게 주어진 다른 많은 것들에 대하여 만족하고, 인간으로서는 사후死後를 그리워하고, 정신으로서는 가능한 한 오래 살기를 갈망하면서, 인간들에 대한 우수에 넘친 표현인 나의 사상이 그들에게 도움이 되고, 그들에게 위로를 찾게 하고, 무엇보다도 그들에게 사고의 명석성明晳性, 특히 그리스도교에 대한 사고의 명석성을 찾을 수 있도록 도움이 되었으면 하고 생각하였다.

나의 기억을 멀리 옛날로 더듬어 보아도 그런 사상을 가진 사람이, 즉 남을 위하여 자신을 희생하였고, 무서운 고통 속에서도 무엇이 남들에게 도움이 되는가를 찾아 헤맨 사람이 어느 세대에나 둘 내지 셋은 있었다. 이렇듯이 나는 우수에 젖어서 나 자신을 그런 운명을 걸머진 인간으로 생각하였다.

이렇게 나는 인생 속으로 뛰어들었다. 온갖 가능한 인생의 향락 속으로 뛰어들었으나 그것을 결코 진심으로 즐기지 못하면서도, 오히려 나는 즐기고 있다는 인상을 풍기려고 애썼고, 그것이 우수의 고통에 시달리고 있는 나의 유일한 낙이기도 했다. 나는 온갖 종류의 인간들과 사귀었지만, 그들 중의 어느 누구와도 진심으로 사귈 생각은 하지 않았다. 또 그들 중의 어느 누구도 자기가 나의 진실한 친구라고 생각한 사람이 없었을 것이라는 것도 사실이다.

말하자면 나는 어차피 한 사람의 관찰자이고 관찰자일 수밖에 없었다. 하나의 관찰자로서, 또 정신으로서 나는 이런 생활을 통하여 남달리 풍부한 경험을 쌓았다. 쾌락의 정열과 기질과 감정 등의 온갖 것을 손쉽게 가까이에서 관찰하였고, 어떤 인간의 내부를 속속들이 살펴보고, 때로는 완전히 그 사람이 되어보는 수련도 쌓았다.

나의 상상과 나의 변증법은 이런 작업을 하는 데 항상 충분한 재료를 제공해 주었고, 온갖 부산스러운 일에서 벗어나서 빈둥거릴 수 있는 시간도 충분하였다. 오랫동안 나는 공상에 부수되는 것들을 가지고 변증법적인 연습을 쌓는 일 이외에는 아무런 일도 하지 않았다. 그것은 마치 사람들이 자신의 악기를 조율하듯이 나 자신의 마음을 엄밀히 시험해 보는 것과도 같은 일이었다.

그러나 나는 현실적으로 살고 있는 것이 아니었다. 나는 인생의 이 구석 저 구석을 쑤시고 다녔고, 온갖 진귀한 것들로부터 유혹을 받았고, 뿐만 아니라 불행하게도 과오마저 저질렀고, 아아! 역시 타락의 길마저 걸었다.

이렇게 나는 나의 25세 되는 해를 보냈지만, 나 자신에게는 이 해가 수수께끼처럼 전개된 엄청난 가능성이었다. 이 가능성의 의미와 그것의 성격에 관해서는, 가능한 것이면 무엇이나 이해할 수 있었던 나의 가장 뛰어난 반성으로써도 이해할 수 없는 것이었다.

단 한 가지만은 이해할 수 있었다 – 그것은 다름이 아니라, 나의 삶은 뉘우침으로써만 가장 올바르게 살 수 있다는 바로 그것이었다. 그러나 말의 본질적인 의미에서 본다면, 나는 정신으로서만 살았다고 할 수 있다. 나는 어른이 아니었다. 하물며 어린애나 청년은 더욱 아니었다.

바로 이 무렵 나의 아버지가 세상을 떠났다. 나의 유년시절의 강력한 종교적인 인상은 나에게 새로운 힘을 발휘하였으나, 이제는 반성에 의해서 많이 누그러져 있었다. 이제 나는 또 내가 받은 교육에 더 잘 순응할 수 있을 만큼 나이가 들었다. 내 나이 마흔이 되어서야 비로소 완전한 효과를 거둘 수 있었다는 것이 바로 내가 받은 교육이 지닌 불행이었다. 왜냐하면 나의 불행은 (나는 내가 태어날 때부터 불행하였고, 이 불행은 내가 받은 교육을 통해서 완성되었다), 내가 인간이 될 수 없다는 사실이었다.

어린 시절에는 누구나가 놀고 시시덕거리고, 그 밖에 그들이 하고 싶은 일들을 한다. 아아! 그리고 청년이 되면 또 누구나 사랑을 하고, 춤을 추고, 그 밖에 그들이 하고 싶은 것들을 한다. 그런데 어린애나 청년인 주제에 정신으로 존재해야 한다니! 이 아니 무서운 고문이 아니겠는가! 하물며 사상의 도움을 받아가며 그 어느 누구보다도 청년답게 보이는 속임수를 구사할 수 있는 방법을 알고 있다면, 그것은 더욱 무서운 일이다. 그러나 이 불행도 나이가 사십이 되면 이미 감소되어, 영원 속에서는 존재하지 않는다.

나는 직접성이라는 것을 가져본 적이 없다. 그러므로 인간적으로 털어놓고 말해서 나는 일찍이 인생을 살아본 적이 없다. 나는 다짜고짜 반성을 휴대하기 시작하였다. 후년에 가서 얼마간의 반성을 긁어모았다는 그런 것이 아니다. 나는 시종일관 반성이었다. 직접성의 두 시절에 있어서(즉, 유년시절과 청소년시절) 나는 반성이 항상 지니고 있는 기민성의 도움을 받아 나 자신을 구출

해냈고, 내가 나 자신을 구출해야만 하였을 때는 대용물代用物을 써서 빠져나왔다. 그리고 나는 나에게 주어진 천품에 관해서 그 것이 무엇인지를 분명히 몰랐기 때문에, 내가 남과 같지 않다는 것에 대해서 고통을 겪었다.

만일 이 무렵에 내가 잠시 동안만이라도 남과 같을 수만 있다면, 나는 모든 것을 저버렸을 것이다. 정신이 참을 수 없는 것은 남들과 같은 존재라는 점이다. 실은 이것이 바로 정신의 소극적인 규정이다. 그러나 유년시절이나 청소년시절은 유類나 종種으로 표현되는 포괄적인 규정과 밀접한 관계를 맺고 있기 때문에, 남들과 같지 않다는 것은, 혹은 나의 경우와 마찬가지로 얄궂게도 거꾸로 정신이라는 규정을 가지고 시작해야 한다는 것은 최대의 고통이 아닐 수 없다.

어느 세대에 있어서나 이런 정신이라는 지점에까지 도달한 사람이 약간은 있었지만, 단지 영육靈肉의 종합의 구성인자로만 살아온 대부분의 사람들은 결코 거기에까지는 도달하지 못한다. 그러나 바로 이와 동일한 이유 때문에, 이런 표현이 본래 의미하는 바와는 매우 다른 의미에서 나는 나의 인생과 대면하고 있다. 어린 시절이나 청소년 시절에 대한 간절한 그리움 따위보다도 더 나에게 불가사의하고 생소한 것은 없다.

나는 그런 시절을 용케도 헤쳐 나온 것을 하느님께 감사한다.

그리고 나는 내가 나이를 먹어가는 매일에 더욱 행복함을 느낀다. 그러나 축복은 오로지 영원을 생각함으로써만 누릴 수 있다. 왜냐하면 시간성時間性은 결코 정신의 요소가 아니고 또 될 수도 없고, 그것은 어떤 의미에서는 정신에 대한 고통을 의미할 수밖에 없기 때문이다.

관찰자는 모든 것이 어떻게 움직이고 있고, 또 어떻게 변증법적으로 움직이고 있는지를 알 수 있을 것이다. 나는 육신 속에 가시를, 지적인 천품(특히 상상력과 변증법)과 차고 넘치는 교양을, 관찰자로서 뛰어나게 개발된 재능을, 확실히 비범한 그리스도교적인 교육을, 특히 나 자신만이 가지고 있는 그리스도교에 대한 변증법적인 관계를 가지고 있었다. 또 이에 더하여 나는 유년시절부터 순종하는, 절대적으로 순종하는 훈련을 받아 왔다.

나는 무엇이든 할 수 있다는 거의 무모할 정도의 신념으로 무장되어 있지만, 단 한 가지 일만은 예외였다. 그것은 단 하루라도 자유로운 새가 된다는 것, 혹은 다른 힘이 나를 거기에 묶어 놓고 있는 우수의 쇠사슬에서 풀려나는 것, 바로 그것이다. 결국 나 자신의 눈에 비친 나는 한 사람의 통회자痛悔者였다.

지금 내가 품는 인상은 최초의 순간부터 이렇게 될 것을 통찰한 '어떤 힘'이 있어서 마치 어부가 물고기를 향하여, '잠시 동안 놀라고 내버려 두자. 아직은 낚아 올릴 때가 아니다' 라고 하듯이 말하는 것만 같다. 그리고 이상하기 짝이 없는 것은, 이것 역시 까마득한 옛날까지 거슬러 올라가는 일이지만, 내가 이런 일을 언제부터 시작하였으며, 또 어떻게 그런 생각을 하게 되었는지는 확실히 말할 수 없어도, 내가 매일 하느님께 '당신이 지시하시는 일을 수행할 수 있는 정열과 인내심을 내게 주옵소서'라고 기도했다는 사실이다. 이리하여 나는 저술가가 되었다.

내가 저술가로서 실질적인 활동을 시작하기 전에 하나의 사건*이, 혹은 좀 더 정확하게 말해서 하나의 사실이 가로놓여 있었다. 아마 사건이라고 하기에는 불충분한 일이리라. 그것은 하나의 사실이었고, 나는 그 사실 속에서 주역主役을 담당해야만 하였다. 나는 그 사실이 어떤 내용의 것이었느냐, 그것이 얼마나 무서우리만큼 변증법적으로 얽혀 있었는가(물론 다른 의미에서는 그것이 매우 단순한 것이었지만), 사실상의 갈등의 내용은 무엇이었느냐 하는 등을 늘어놓으며 새삼스럽게 소상히 설명할 수가 없다.

진상의 규명이나 그와 유사한 것들은 생각조차 하지 말라고 나는 독자에게 부탁하는 바이다. 왜냐하면 나에게는 모든 일이 변증법적이었기 때문이다.

---

* 레기네와의 파혼을 말함.

그 대신 나는 저술활동의 해명에 이바지하는 한에서 이 사실의 결말에 대해서 언급하겠다.

그것은 이중적인 사실이었다. 다른 의미에서는 내가 풍요하게 살며 많은 일을 경험하였다고 하더라도, 인간적인 의미에서 나는 유년시절과 청소년시절을 뛰어넘어 버렸던 것이다. 내가 생각하기에는, 어쩌면 섭리는 이런 공백이 어떻게든 메워져야만 한다고 여겼던 것 같다. 젊음을 누리는 대신에 나는 시인詩人이 되었다. 그것은 제2의 청춘이었다.

나는 시인이 되었다. 그러나 종교적인 것을 향한 나의 타고난 성향性向, 혹은 나의 숙명적인 종교성 때문에 그 사실은 동시에 나에게는 하나의 종교적인 각성이 되었다. 이리하여 나는 이제까지 하나의 가능성으로써만 관계를 맺고 있던 종교적인 것, 혹은 종교성 안에서 가장 결정적인 의미에서 나 자신을 이해하게 되었다. 그 사실이 나를 시인으로 만들었다.

설혹 내가 그런 인간이 아니었다고 해도, 그리고 반면에 그 사건이 그대로였고, 또 내가 적극적인 역할을 하지 않았다고 하더라도, 그랬더라도 별로 달라지지는 않았을 것이다. 그랬다 해도 나는 시인이 되지 않을 수 없었을 것이고, 또 아마도 몇 해 후에는 종교적인 것과 관계를 맺었을 것이다. 그러나 나는 앞서 언급한 대로 너무나도 종교적으로 발전하고 있었기 때문에, 바로 그

때문에 그 사실은 예상 외로 나를 심하게 사로잡았고, 어떤 의미에서는 종교적인 조바심도 곁들여서 내가 시인이 되는 것을 망치고 말았다. 그것은 내가 시인이 되는 것을 망쳐 놓았고, 혹은 자동적으로 두 장소에서 동일한 순간에 두 가지 일을 시작하도록 만들었다.

그러나 이런 식으로 내가 시인으로 존재한다는 것은 워낙 본질적으로 나에게는 어울리지 않는 일이었고, 다른 사람을 통하여 시인이 된 것에 불과하였지만, 이와는 반대로 종교적인 각성은 이 역시 확실히 나 자신의 경험을 통한 것은 아니었지만 나 자신과 합쳐지는 것이었다. 말하자면 시인이 되는 일에서는 깊은 의미에서 나 자신을 인지할 수 없었지만, 종교적인 각성에서는 오히려 나 자신을 인지할 수 있었다.

독자는 여기서 저술활동 전체의 이중성(혹은 어려움)에 관한 해명을 쉽게 알아볼 수 있을 것이다. 그러나 저자는 이런 어려움을 동시에 의식하고 있었다고 말하지 않을 수 없다. 그러면 어떻게 했어야 했을까?

그렇다. 시인적인 것은 모름지기 배설해 버릴 수밖에 없었고, 또 나로서는 그럴 수밖에 달리 길이 없었다. 그러나 모든 심미적인 저술은 종교적인 것 밑에 구속되어 있었다. 종교적인 것은 이 배설에 동의하였다. 그러나 그것은 끊임없이 독촉하였고, 마치 '그대는 아직도 그것을 끝내지 못했는가' *하고 말하는 것 같았다. 시인적인 저술을 쓰고 있는 동안, 저자는 엄격한 종교적인 규율 밑에서 살았다.**

---

* 독자는 내가 전에 나의 전체 저술활동은 인간적으로 말해서 불행한 것이라고 생각하고 있다고 한 사실을 이제야말로 알아차릴 수 있을 것이다. 즉, 나의 저술활동은 지나치게 규모가 크기 때문에, 현실의 어떤 순간에서도 어울리는 장소를 찾을 길이 없었다. 한편으로는 그것이 매우 황급히 저술되었기 때문이고, 또 다른 한편으로는 그것이 심미적인 것으로부터 종교적인 것, 즉 그리스도교적인 것으로의 결정적인 발전을 내포하고 있기 때문이다. 처녀작인 『이것이냐 / 저것이냐』에 대한 관계에 있어서는 이 불행이 아직은 모호하였다. 거기에는 아직도 아무런 평가의 기준도 나타나 있지 않았고, 또 양의성도 정립되어 있지 않았다. 사람들은 『이것이냐 / 저것이냐』를 나의 다년간의 노력의 결실이라고 생각하였다. 이런 착각이 『이것이냐 / 저것이냐』를 살려주었고, 그 밖에도 『이것이냐 / 저것이냐』를 구제해 준 많은 요소들이 있다. 예컨대 이런 착각 때문에 사람들은 내가 문체의 사용에 고심하였다고 생각하였다. 그렇지만 『이것이냐 / 저것이냐』는 실상 가장 짧은 시간 동안 썼고, 문체에 관해서는 거의 고심조차 하지 않았다. 그러나 이것은 당연한 일이다. 대중들은 또 『이것이냐 / 저것이냐』의 제1부가 제2부보다 수년 전에 써진 것으로 생각하였다. 그러나 사실은 정반대였다. 제2부가 먼저 써진 것이다. 『이것이냐 / 저것이냐』의 경우는 바로 이러했다. 그러나 후에 착각할 여지가 없어지고, 평가의 기준이 정립되었을 때도, 그것은 황급히 이루어진 작품이고, 본받을 가치가 없다는 결론 외에는, 아무도 다른 결론을 내릴 수가 없었다.

내가 5년을 걸려서 만들어낸 문학작품이라면, 다른 사람은 보통 15년이 걸릴 것이다. 아마도 사람들은 이제는 역시, 나로서는 본질적인 어떤 신간 평評도 기대할 수 없었기 때문에, 어떤 신간 평도 원하지 않았다는 사실을 이해할 것이고, 나의 소견에 동의할 것이다. 의식적으로 이렇게 교묘하게 꾸민 작품을 간파할 수 있는 전제조건과, 더하여 그럴 시간의 여유를 가진 사람을 이 작은 나라의 현대인 중에서 어떻게 찾아볼 수 있을 것인가? 그리고 나는 침묵을 나의 종교적인 의무라고 생각하고 있었기 때문에 나는 감히 직접적인 전달의 수단을 쓸 수가 없었다. 혹시 어떤 사람이 『이것이냐 / 저것이냐』를 손에 들고, 비록 한 순간일망정 그 책의 저자가 종교적인 인물이라는 생각을 하게 되고, 혹은 만일 그가 나의 저술활동을 추적한다면, 그런 추적활동의 나그넷길을 3, 4년 동안 계속하는 동안에 자기 자신이 가장 결정적인 종교적 저술의 한가운데 서 있다는 사실을 발견하게 되는 일이 과연 있을 수 있을까?

** 사람들은 여기서 가명假名의 의미와 내가 모든 심미적인 저술에 가명을 사용하지 않을 수 없었던 이유를 알게 될 것이다. 가명의 사용은 나 자신의 삶을 전혀 다른 영역에서 살게 하고, 처음부터 그런 저술을 막간의 연출물이나, 속임수나, 필요한 배설의 과정으로 생각하였기 때문이었다.

어떤 의미에서는 나는 내가 종교적인 저술가가 된다는 생각은 전혀 하지 않고 있었다. 나의 의도는 되도록이면 빨리 시인적인 것을 배설해 버리는 데 있었다. 그러고는 어떤 시골 교구敎區로 가려고 했다. 이런 항로에 따라서 나는 키를 잡았다. 모든 심미적인 저술이 나와는 상관이 없는 것으로 느껴졌다. 그러나 달리 갈 길이 없었다. 이미 앞서도 언급한 바와 같이, 종교적인 '저술가' 가 되는 것은 나의 본래의 의도가 아니었다. 시골목사로서의 목사직을 찾아서 당장에 시골로 낙향한다 – 이런 돌발적인 전향轉向이야말로 내가 종교적인 인물이고, 가명의 인물들이 나와는 상관이 없는 인물들이라는 것을 생생하게 말해줄 것이라고 생각하였다.

그렇지만 나의 안에 꿈틀거리는 생산의 욕구가 너무나도 커서, 나로서는 달리 행동할 수가 없었다. 그래서 나는 『두 개의 건덕적인 강화』를 내어놓았고, 또 섭리의 뜻이 무엇인가도 알게 되었다. 다시금 시인적인 저술을 할 수 있는 시간이 나에게 허용되었지만 그것은 항상 종교적인 것 밑에 사로잡혀서 감시를 받고 있었다. 종교적인 것은 다음과 같이 말하는 것 같았다.

'여보게, 아직도 그 일이 끝나지 않았는가?'

그리하여 나는 종교적인 저술가가 됨으로써 종교적인 것을 만족시켜 줄 수 있는 길을 찾았다.

이제야 나는 섭리에 의해서 단단히 결박을 당했다. 어쩌면 수상쩍은 인간으로서 나는 형편없는 음식물을 취하고 살아왔다. 그런 식으로 사는 습관이 붙어서인지는 몰라도 나는 내게 허용된 최대한의 시간은 고작해야 1년, 바짝 긴장이 되었을 때는 가끔 일주일, 아니 하루뿐이라고 생각하고 지낸 적도 많았다. 그리고 모든 면에서 섭리가 나에게 제동을 걸고 있었다.

심미적인 저술을 쓸 때도, 나는 섭리의 눈을 피해서 심미적인 것 속에서 나의 삶을 영위할 수가 없었다. 왜냐하면 설혹 종교적인 것이 나의 배후에 도사리고 있지 않았다고 해도, 저 '육신 속에 있는 가시'가 그렇게 하는 것을 방해하였을 것이다. 그리고 종교적인 저술을 쓸 때도, 내가 다른 생각을 갖지 못하도록 섭리가 나를 제지하고 있었다. 왜냐하면 나는 나 자신이 너무나도 큰 빚을 지고 있다는 사실을 알고 있었기 때문이다.

그리고 이때 나는 저술가로서의 나 자신에 관해서 내가 나 자신에게 말할 때 흔히 사용하는 표현에 도달했다. 이 표현은 나의 저술활동에 있어서 역방향逆方向의 진행(내가 행선지를 말하지 않고 시작하는 일)과 관계되고, 또 관찰자로서의 나의 자격과도 상관되며, 자신의 교육의 필요성을 통감하고 있는 나의 존재의식과도 관련

되는 것이다. 내가 사용한 그 표현은 지적이고 종교적인 분야에 관해서는 '실존한다'는 개념, 따라서 '그리스도교'라는 개념을 겨냥하고, 보다 높은 것이나 이념에 봉사하기 위하여 나는 스파이처럼 산다는 것이다. 나는 선포해야 할 아무런 새로운 것을 가지고 있지 않을 뿐만 아니라, 나는 또 권능도 없다. 나는 나 자신의 속임수 뒤에 숨어있을 뿐이다.

나는 직접적으로 일에 손을 대지 않고, 간접적인 방법으로 속임수를 쓴다. 나는 성자聖者가 아니다. 간단히 말해서 나는 스파이 활동을 통해서 의심나는 일과 착각과 수상쩍은 인물들에 관해서 모든 것을 알아내고 감시를 게을리하지 않지만, 그러는 동안에도 자신 역시 엄격한 감시를 받고 있는 스파이에 불과하다.

보라, 경찰 역시 그런 인물들을 사용하고 있다. 경찰은 그들의 목적을 위하여 항상 지극히 정직하게만 사는 사람들을 뽑는 일은 거의 없다. 경찰이 선발의 대상으로 고려하는 사람들은 모두가 경험 많고 교활하고 술책에 능하고 간교한 인물들로, 그들은 무엇이나 냄새를 맡아내고 항상 흔적을 추적하여 모든 일을 백일하에 드러내 보인다. 그러므로 경찰은 그들의 전과前科를 파악하고 있음을 기화로 서슴지 않고 그들을 마음대로 부려먹는다. 경찰은 그들에게 무엇이든 하라고 강요하고, 복종할 것을 요구하지만, 그들의 개인적인 품위 따위는 전혀 거론조차 하지 않는다.

섭리의 경우도 이와 마찬가지다. 다만 섭리와 경찰 사이에는 다음과 같은 무한한 차이가 있다 – 즉, 자비로운 사랑이신 섭리는 사랑을 위해 그런 인물을 고용하고, 그를 구하고, 그를 교육한다. 그가 자신의 간교한 지혜를 총동원하여 일하는 동안에 그의 간교한 지혜는 깨끗함을 받고 성화聖化된다. 그러나 자기 자신이 개선되어야 하겠다는 절실한 필요성을 느끼는 그런 사람은, 자신이 가장 무조건적인 복종의 의무에 매여 있다는 사실을 알게 된다. 하느님께서는 어느 누구에게나 무조건 모든 것을 요구하시고, 인간은 모든 일을 참아야만 한다는 것은 분명한 사실이다. 그러나 이전에 탈선을 하였다는 의식이 이런 경우에 민첩성과 신속성을 고무시키는 일에 상당한 기여를 한다는 사실도 역시 확실하다.*

---

* '만일 실정이 그렇고, 또 만일 그대가 스파이라고 하는 생각이 참이라고 한다면, 저술가로서의 그대의 모든 활동은 일종의 인간불신적인 반역이고 인간성에 대한 범죄다' (매우 날카로운 관찰이라 하겠다)라고 하는 사람이 있다면, 나는 다음과 같이 대답할 것이다.

'암, 그렇다. 그러나 그 범죄는 내가 하느님을 그리스도교적인 방식으로 사랑하였다는 바로 그 점이다.'

나는 세계는 선善이라든가, 세계는 진리를 사랑하고 선을 갈망한다든가, 시대가 요구하는 바가 진리라든가, 인류는 진리일 뿐만 아니라 신神일 수도 있다든가, 따라서 괴테나 헤겔의 말처럼 세계의 사명은 시대를 만족시켜 주는 데 있다든가 하는 따위의 사상(아마도 이것이 인간애人間愛라고 하는 모양이지만)을 표현하기 위하여 나에게 주어진 재능의 단 한 조각이라도 사용하려고 애쓰지 않았다. 오히려 반대로 나는, 세계는 악은 아니지만 어중간한 것이고, '시대가 요구하는 것'은 언제나 바보스럽고 값싼 것이고, 세계의 눈으로 볼 때 진리는 우스꽝스러운 과장이 아니면 심술궂은 무용지물이고, '선'은 고통 받아야만 한다는 사상을 표현하려고 애써왔다.

나는 또, '유類'라는 개념을 인간의 존재를 자칭하는 일에 사용하는 것, 특히 최고의 것의 지칭으로 사용하는 것은 잘못이고, 이교異敎에 불과하다는 사상을 표현하려고 애써왔다. 왜냐하면 인간으로서의 인류는 하나의 유類로서 그 자체가 지닌 우월성 때문에 다른 동물류와는 다를 뿐만 아니라, 인류 속에 속하고 있는 모든 개개의 개인(뛰어난 개인들뿐만 아니라, 모든 개개인들)은 인류 이상의 존재라고 하는 인간적인 특성 때문에도 다른 동물류와는 다르기 때문이다. 이것은 하느님에 대한 외톨이의 관계에서 유래한다. 그리고 이것이야말로 본질적으로 그리스도교고, 이 그리스도교의 범주인 '외톨이'는 지극히 높게 존경을 받고 있는 이 그리스도교의 시대에 있어서는 무척이나 조소를 받고 있다. 왜냐하면 자기 자신이 하느님과 관계를 맺는다는 것은, 유類와 관계를 맺는다는 것이나, 혹은 유를 통하여 하느님과 관계를 맺는다는 것보다도 훨씬 높은 일이기 때문이다. 이것이 바로 내가 표현하려고 애쓴 것이다.

나는 변론하지도 않았고 탄핵하지도 않았다. 또 나는 강의를 하지도 않았다. 나는 단지 우리 시대도 그런 상태이고, 우리들의 시대와 세대는 선한 것과 참 것에 관해서 가련할 정도로 혼란 상태에 빠져 있다는 사실을 밝히려고 했을 뿐이다. 나는 내가 동원할 수 있는 온갖 간교와 계교를 다 동원하여 이 사실을 만천하에 공표하려고 애써왔다. 나는 인간적으로 그리고 인간적인 자기도취에 사로잡혀 인간으로 존재하는 사실을 사랑한 나머지 결과적으로는 하느님을 배반하는 인생관이나 생활태도에 반대하고, 하느님을 사랑하는 큰일을 저질렀고, 또 온갖 수단을 다 동원하여, 그러나 간접적으로 스파이로서 그런 대역죄大逆罪를 파헤치려고 하였다. 가령 내가 나의 재능을 마음껏 자유롭게 사용할 수 있었다고 한다면(즉, 만일 선을 행하고 싶지 않을 때, 다른 '힘'이 매순간마다 나를 강요하는 일이 없었다고 한다면), 나는 애초부터 나의 모든 저술들을 시대가 흥미를 느끼는 대상을 취급하는 방향으로 돌렸을 것이다. 그랬던들 내가 그런 배신 때문에 벌을 받아 완전히 무로 화하지 않는 한, 나는 나의 힘으로 시대가 요구하는 존재가 되었을 것이다. 그리하여 나는, 세계는 선善이고, 인류는 진리고, 현대는 법정法廷이고, 대중은 진리의 발견자고 심판관이다 하는 식의 괴테나 헤겔식의 명제를 증언하는 증인이 되었을 것이다. 왜냐하면 이런 대역죄를 저지름으로써 나는 이 세계에서 대단한 성공과 기타 등등을 성취했을 것이기 때문이다. 그러나 그렇게 하는 대신에 나는 스파이가 되었고, 또 되지 않을 수 없었다. 이렇게 했었지만 나는 득을 본 것이 하나도 없다. 확실히 나는 그 위에다 나의 구원을 쌓아올리지 않았다. 그러나 나는 내가 그런 식으로 이바지하였다는 사실에 어린애다운 즐거움을 느꼈다.

반면에 하느님에 대한 관계에 있어서는, 나는 나의 전체 활동을, 부모에게서 받은 물건을 다시 부모에게 선물로 주는 어린애와는 다른 의미에서 하느님께 바친다. 아아, 부모라면 어린애의 그런 선물을 이것이야말로 선물이구나 하는 생각을 가지고 상냥하게 바라보지 않고, 그 선물을 어린애에게서 빼앗고는, '이것은 우리의 소유물이야' 하고 할 만큼 잔인할 수는 절대로 없다. 하느님의 경우도 역시 이와 마찬가지다. 하느님께서는 사람들이 당신께 당신 자신의 것을 선물로 바친다 해도 결코 그렇게 잔인하게 대하시지는 않으신다.

그러나 어떤 경우에 있어서도 그리스도교계가 반성反省과 분별分別이라는 면에서 모든 한계를 벗어났다는 것은 확실한 사실이다. 직접적인 정열情熱 - 비록 직접적인 정열 속에서 자신의 생명까지도 희생하려고 해도 말이다.

이 시대는 지나치게 많은 반성과 분별을 멋대로 구사하여 그것의 의의를 감소시킬 수 없도록 만들고 있다. 그래서 이런 시대에 있어서는 순교자의 경우일지라도 그는 반성을 소유해야만 한다 - 그것은 시대가 그를 죽이는 경우에 있어서도 시대의 관심을 끌어서 시대가 그를 꽉 붙들게 하여, 그럼으로써 각성이 뒤따르게끔 하기 위해서다.

나는 나의 저술활동을 이상과 같이 이해한다. 나의 저술활동은 그리스도교계의 착각을 밝히고, 그리스도인이 된다는 것이 어떤 것인지를 알 수 있도록 눈을 열어 준다.

종교성의 관점에서 보아, 모든 심미적인 서술이 필요불가결한 배설 내지는 신성한 속임수로 간주되지 못하고, 단지 유감스러운 그 무엇에 불과하다고 한탄할 정도의 높은 종교성이 이 세상에 존재하는지 어쩐지는 나로서는 알 수가 없다. 나는 일찍이 그렇게 생각해 본 일이 없다. 그리고 그런 생각은 내가 토해내기 전에는 어느 누구에게도 떠오르지 않았을 것이 분명하다.

그러나 나의 경우는 모든 것을 반성 속으로 끌어들이기 때문에 내가 그런 생각을 간과할 리가 없다. 소심하고 꼼꼼하면서도 패기가 없는 사고를 하는 사람들의 관점에서는, 진리를 말하는 것은 의무라고 하면서 이의를 제기하리라는 것을 나는 상상할 수 있다. 그런 생각은 무엇인가 거짓된 말을 하는 것을 두려워한 나머지 항상 입을 다물고 침묵을 지키기가 일쑤다.

그러나 침묵도 일종의 거짓말이 될 수가 있기 때문에, 침묵은 다음과 같은 거짓된 모순으로 이끌어가기가 일쑤다 – 즉, 그것을 행하건 행하지 않건, 또 침묵을 지키건 말을 해버리건, 그 양쪽이 다 같이 쓸모가 없다는 식의 모순이다.

그렇지만 광기에 가깝도록 벌벌 떠는 이런 자세를 종교성의 고차원적인 형식이라고는 도저히 간주할 수 없다. 진리의 전달에 관하여 목적론적 정지*는(예컨대 진리가 보다 참된 것이 될 수 있도록 당분간 어떤 것을 숨겨둔다는 것), 진리에 대한 명백한 의무이고, 인간이 자기에게 주어진 반성을 하느님 앞에서 정당하게 사용해야 하는 책임 속에 포함되어 있다.

그리스도인이 되는 과업과 관련되어 야기되는 내면성의 고뇌에는 이미 친숙해 있었고, 또 그런 고뇌 속에서 엄격히 단련되어 온 나였지만, 이 문제의 또 다른 면을 나는 거의 등한시 해왔다.

* 이 말은 키에르케고어가 그의 저서인 『공포와 전율』에서 처음 사용하고 있다.

이때 섭리가 나에게 구원의 손길을 뻗어 나를 구해주었고, 또 내가 한 일의 결과는 나와 내가 하는 일에 유리하게 작용하였다.

지적인 재능을 현악기에 비교할 수 있다면, 나라고 하는 현악기는 고장을 일으키기는커녕, 현絃이 한 줄 더 추가된 것이었다.* 이것은 그리스도인이 된다는 것은 무엇을 의미하는가를 보다 완전한 실험을 통해서 실시한 교육의 성과였다. 왜냐하면 『결론으로서의 후서』 때문에 결정적인 순간에 내가 나의 실존관계를 근본적으로 바꾸고 있을 때, 나는 사람들이 자신이 체험하지 못하고서는 '사랑이란 곧 미움을 받는다는 것이다' 라고 하는 그리스도교의 진리를 결코 믿으려고 하지 않을 것이라는 사실을 관찰할 기회를 가졌다.

참말이지 일찍이 사회적인 우월성을 자랑하는 일 이상으로 나와 거리가 먼 것도 없었다. 비천한 신분으로 태어난 나는 서민이나, 이른바 천민을 사랑하여 왔다. 실제 나는 의식적으로 그렇게 행동하는 동안에 나는 우수가 어린 기쁨을 맛보았기 때문이다. 그런데도 불구하고 세상은 바로 그들을 선동하여 나를 공격하게 하였고, 또 그들로 하여금 내가 신분이 높은 인간인 양 믿게 하였던 것이다. 만일 실제로 내가 사회적인 신분이 높은 인간

---

* 키에르케고어가 「콜사르」 사건을 겪은 결과를 말함. 그는 그의 일기 도처에서 이런 언급을 하고 있다.

이었더라면, 나는 결코 그런 일을 당하지는 않았을 것이다.

보라, 이것이 바로 그리스도교적인 척도이고, 규모로 보아서 하도 컸기 때문에 그리스도교를 이런 측면에서 밝혀내기에 충분하였다.

그리스도교가 심판자가 아니고 한갓 인간적인 것이 심판자였던들, 나의 생활방식을 겨냥하여 던진 비난은 고작해야 다음과 같은 것이 있을 것이다 – 즉, 그는 자신의 개인적인 품격을 충분히 지키지 못했다, 그는 점잖지 못했다, 인간적으로 말해서 그는 경솔하게도(그리스도교적으로는 경건하게도 라고 해야겠지만) 세속적인 명예나 위신을 조롱하였다, 되도록 자신이 세속적인 위신을 손상시킴으로써 동시에 전반적인 세속적 위신을 손상시키는 일에 이바지하였다는 것 등이다.

앞서도 언급한 바와 같이 남보다 우월한 자리와 명예를 즐기고 있는 사람들이 나에게 약간이 적의敵意를 보였다고 해도, 그것은 지극히 당연한 일이었다. 그러므로 사실은 그와는 정반대이고, 또 반대였다는 사실에 대해서 나는 더욱 감사한다. 그러나 내가 과거에 살아온 생활방식 때문에 서민계급의 증오의 대상이 되었고, 다시 말해서 내가 충분히 점잖지 못했기 때문에 상류계급이 아닌 서민계급으로부터 공격을 받았다는 바로 이 사실 – 이것은 미친 짓이다. ……그리고 이것이 그리스도교의 척도다.

이리하여 저술활동 전체는 그리스도교계에 있어서 그리스도인이 되는 문제에 집중된다. 그리고 저자 자신이 그렇게 교육을 받아왔다. 그것도 애당초부터 그것을 의식하고 교육을 받아왔다고 하는 사실이, 섭리가 저술활동에 동참하고 있다는 표시인 것이다.

마무리

"그렇지만 이제 그대는 어떤 일을 저질렀는지 아는가?"하고 어떤 사람이 말하는 소리가 내게 들려온다.

> "그대의 그런 설명과 공개성명 때문에 세상의 눈으로 보아 그대가 잃은 것이 무엇인지를 그대는 아는가?"

암, 나는 그것을 분명히 알고 있다. 그렇게 함으로써 내가 잃은 것은 그리스도교적인 의미에서는 그런 것은 가지고 있어야 손해될 것, 즉 세속적으로 흥미의 대상이 될 만한 온갖 것을 잃었다. 나는 유혹적인 쾌락의 술책과 인생의 가장 미묘한 향락에 관한 즐거운 복음과 오만한 조소를 선포하는 나의 흥미진진한 특질을 잃었다.

나는 '그 작자는 제법 열성과 정열을 다하여 윤리적인 것의 대변자로 자처하고 있지만 사실은 그렇지 않을 수도 있고, 다시 말해서 그와는 정반대의 인물이 될 수도 있다. 어느 쪽이 그의 정체인지 말할 수가 없으니(아주 흥미진진한 일이다), 과연 이것이 그의 정체인지 저것이 그의 정체인지 분간하기 어렵다' 고 하는 흥미로운 가능성으로서의 흥미로운 존재의 특이성을 잃었다.

나는 '그의 철두철미한 그리스도교의 변호가 혹시 가장 음흉하게 꾸며낸 하나의 비밀스러운 공격이 아닌지 어쩐지도 알 길이 없다' 는 식의 수수께끼 같은 흥미로운 특이성을 잃었다. 나는 나의 이런 흥미로운 특이성을 잃었으나, 그 대신 흥밋거리와는 지극히 거리가 먼 '직접적인 전달' , 즉 어떻게 그리스도인이 되는가, 또 되었는가 하는 문제를 대치시켰다.

만일 내가 실제로 단지 그런 것들만을 잃고 위기를 모면하였고, 또 세상이 그렇게까지 교활하게 처신한 사실에 대해 분노를 보이지 않았다면, 내가 대중이나 세상의 눈으로 보아 잃은 것은 단지 흥밋거리에 불과하다.

나의 경우에 있어서는 어떤 의미에서 일들이 역逆으로 진행하고 있는 것이 사실이다 – 물론 그리스도교적인 의미에서는 정신적인 전진이지만. 저술가로서의 나는 엄청나게 유리한 입장에서서 일을 시작하였다 – 물론 사람들은 내심으로 나를 불한당과 다름없는 존재로 생각했지만 말이다. 그러나 바로 그렇기 때문에 자연히 사람들은 나를 더 애교 있는 존재로 보아주었고, 특히 재미있고 기발한 존재로 간주되었다.

이런 일들은 그리스도인이라는 '대중'을 조금이라도 나의 편으로 끌어오기 위해서는 필요한 일이었다. 비록 어떤 사람이 성자聖者라고 할지라도, 내기에서 미리 한 번쯤은 잃어 주지 않고서는 일을 시작할 수가 없다. 왜냐하면 우리들이 살고 있는 이런 반성의 시대에 있어서는 사람들이 몸을 사리기가 일쑤이기 때문에, 성자의 죽음마저도 아무런 소용이 없다.

그렇다. 반성이 뒤따르는 곳에서는 매사를 역으로 진행시켜야 한다. 그래서 나도 그렇게 했다. 그 당시 나와 인간이라는 대중과의 우호관계나, 그리스도인이라는 대중(왜냐하면 우리는 모두가 그리스도인인 그리스도교계에서 살고 있으니까)과의 우호관계가 정점에 달해 있었다. 또 남녀를 가릴 것 없이 소설을 즐겨 읽는 모든 독자들과, 심리적으로 세련된 사람들과, 슬기로운 재담을 즐기는 사람들, 이들 모두가 동시에 그리스도인이었다.

이것이 내가 일을 시작한 당시의 상황이었다. 시간이 흐르고 내가 더욱 두각을 나타내게 됨에 따라, 저 그리스도인인 대중은 나라고 하는 인간이 결국 그리 나쁜 사람이 아니라고 하는 것을 알아차렸거나, 혹은 나쁜 사람이라는 소문이 거짓말이나 아닌가 하는 의심을 품게 되어서(아아! 이것이야말로 철저한 역행이라는 것이다!) 더욱더 내게서 떨어져 나갔고, 그리하여 나는 착한 사람이라는 저 하품 나는 범주 속에 포함되기 시작하였다.

그러는 동안에 심미적인 저술활동과 보조를 맞추어서 건덕적인 강화를 저술하고 있던 나는, '기쁨과 감사로서 내가 나의 독자라고 부르는 저 외톨이'가 한 사람도 아니고 여럿이 나타나는 것을 보고 기쁨을 맛보았다. 그런 존재의 수는 점차 늘었지만, 분명 대중이라고까지 하기에는 이르지 못했다.

그런데 내가 약간의 그리스도교적인 맛을 풍기게 하는 결정적인 행동, 동시에 보잘것없는 덴마크를 위해 이익이 되는 일을 했다고 자부할 수 있고, 또 나의 죽음의 순간에 나에게 무조건적인 기쁨을 줄 결정적인 행동을 감행하였을 때, 즉 내가 야비한 자들의 폭동 앞에 희생의 제물로 나 자신을 내던졌을 때, 바로 그때 대중들은 나를 미친 사람이나 괴상한 사람으로 취급하였고, 거의 죄인처럼 정죄하였다.

내가 한 일에는 조금도 불한당이나 악한의 흔적이 없었는데 말이다! 모든 일이 앞뒤가 꼭꼭 들어맞는 셈이다! 스파이에게 이 이상 무엇을 더 요구할 것인가.

그런데 이제…… 이제 나는 이미 흥미의 대상이 아니다. 어떻게 하면 그리스도인이 되는가 하는 문제, 나의 모든 저술이 바로 이 문제에 대한 것이라고 정색하고 말하고 다니니…… 이 얼마나 넌더리가 났으랴!

이에 반하여 「유혹자의 일기」*는 그 얼마나 멋지고 자극에 넘친 작품인가! 아닌 게 아니라 이제는 이 작품마저도 나의 계획에 속한 듯이 보일 것이다. 만일 누군가가 심미적인 저술에 관해서 순수하게 심미적인 관심에서 나의 판단을 물어온다면, 나는 나의 저술이 성취한 바를 완전무결하게 알고 있다는 사실을 숨길 생각은 없다. 그러나 나는 다음과 같이 부언할 것이다 – 즉, 나에게는 그 저술의 심미적인 가치마저도 깊은 의미에서는 그리스도인이 된다는 결의가 얼마나 중대한 것인가를 지적한 점에 있다고.

직접성의 영역에 있어서는 그리스도인이 된다는 것은 간단한

---

* 어떤 분 – 나와 동행하기 위해서 그분의 이름을 여기에 소개한다면 – 즉, 폴 묄러 씨가 지극히 적절하게도 「유혹자의 일기」를 나의 저술 전체의 중심이라고 간주한 것은 심리적으로 주목할 만한 일이고, 또 기록에 남길만한 가치가 있다. 그것은 『인생길의 여러 단계』 안에 있는 모토를 나에게 생생하게 기억나게 한다. 이것이야말로 「유혹자의 일기」의 관점에 서서 그가 공격하고, 그리고 그가 나자빠진 저서였다. 그래서 그때 나는 따끔하게 일침을 놓아서 그 모토를 상기시켜 주었지만, 여기서 다시금 되풀이해 두기에는 안성맞춤일 것 같다. 왜냐하면 이 모토는 나의 저술활동을 위한 폴 묄러 씨의 심미적이고 비편적인 봉사의 경건한 회상을 보존하기 위해서는 잘 어울리는 경구警句이기 때문이다 – '이 저서들은 거울들이다. 그러나 원숭이가 그것들을 들여다본다면, 거기에 사도使徒가 보일 리가 없다.'

일이다. 그러나 그리스도인이 된다는 것에 관한 반성적인 표현의 진리와 내면성은 반성이 버리지 않을 수 없는 것의 가치에 의해서 측정된다. 왜냐하면 우리는 반성이라는 수단을 통해서 그리스도인이 되는 것이 아니라, 반성 안에서 그리스도인이 된다는 것은 우선 저버려야할 다른 무엇인가가 거기에 있다는 것을 의미하기 때문이다.

우리는 그리스도인이라는 존재 안으로 우리 자신을 반성해 들어가는 것이 아니라, 그리스도인이 되기 위해서 반성을 통하여 다른 것으로부터 빠져나와야만 한다. 특히나 그리스도교계와 같은 경우에 있어서는 그렇다.

그리스도교계에 있어서는 우리는 반성을 통하여 비슷한 그리스도인이라는 존재로부터 빠져나와야 한다. 반성운동反省運動이 얼마나 심오하고 얼마나 가치가 있느냐는 우리가 빠져나와야 할 타자他者의 성질 여하에 달려있다. 우리가 얼마나 떨어진 거리에서 그리고 얼마나 먼 곳에서 출발하여 그리스도인이 되는 지점에까지 도달하였는가 하는 사실이 단적으로 반성의 농도를 결정지어 준다. 뒤에 버리고 온 것의 가치에 비례하여 그만큼 많아지는 어려움, 바로 그 어려움이 반성의 농도를 결정한다.

그러므로 나 자신이 부름을 받아 교육을 받고 있는 동안에도, 나는 그리스도교를 위해 봉사하는 일에 몰두하고 있었다는 것이

나의 신념이다.

깜짝 놀랄 정도로 가장 빈틈없는 자로 알려졌던 인간(이것은 『이것이냐 / 저것이냐』가 이룩해 주었다), '흥미로운 인간'이라고 하는 자리를 흔연히 허락해 온 인간(이것 역시 『이것이냐 / 저것이냐』가 가져다 준 것이었다), 바로 그 인간이 그리스도교에 봉사하는 일에 종사하였다. 가명을 사용한 저술활동을 시작한 바로 그 순간부터 그런 봉사에 몸을 바쳤고,* 그리고 바로 그 인간이 개인으로서, 또 저자로서 어떻게 하면 그리스도인이 되는가 하는 단순한 일을 세상에 밝히느라고 혼신의 힘을 다하여 싸웠다. 그 운동은 단순한 것에서 흥미로운 것으로의 운동이 아니라, 흥미로운 것에서 단순한 것으로의, 즉 그리스도인이 되는 것으로의 운동이다.

여기서 내가 말하는 모든 저술활동의 '전환점'을 이루는 『결론으로서의 후서』가 등장하여, '문제'를 제기하고, 동시에 간접적인 공격과 소크라테스적인 변증법을 통하여 '체계'에 대하여

---

* 까마득한 옛날부터 내가 헌신해 온 일은, 비록 내가 그리스도인이 되는 목표를 달성할 수 없을 망정, 나의 시간과 나의 노력을, 적어도 그리스도교란 무엇이며, 또 그리스도교에 있어서의 혼란이 어디에 개재하고 있는가를 밝히는 일에 동원하겠다고 하느님 앞에서 맹세한 데 근거를 두고 있다. 그것이 청년시절 초기부터 내가 굳게 다짐한 일이었다. 인간적으로 말한다면 그것은 확실히 고상한 결심이었다. 그러나 그리스도교는 한 인간의 그런 고상한 결심이 아주 당연하게, 기꺼이 이용하려고 하기에는 너무나도 엄청나게 큰 힘이었다(나의 경우에 있어서는 이런 결심은 대부분이 나의 아버지에 대한 나의 관계의 표현이었다). 그러므로 과연 내가 그리스도교를 필요로 하고 있는 것인가, 아니며 그리스도교가 나를 필요로 하고 있는 것인가에 관한 의문(물론 이런 의문은 애초부터 존재하지 않았다)의 여지가 생기지 않도록, 그리스도교나 섭리가 그 후의 나의 생활을 임의로 조정한 것이다.

배후로부터 치명상을 입힌다 – 다시 말해서 '길'은 단순한 일에서 체계와 사변으로가 아니라, 체계와 사변에서 그리스도인이 된다는 단순한 일로 되돌아가는 데 있다는 사실을 보여주기 위하여 체계와 사변을 공격하고, 이 일을 위하여 싸우며 단호하게 되돌아가는 길을 찾아내기 위하여 칼을 휘둘러 길을 개척하며 체계에 치명상을 입혔다.

그러므로 우리는 여기서 한때 심미적인 저술가였으나 후에 가서 세상과 세상의 지혜에 등을 돌린 저술가를 만나는 것이 아니다. 그는 분명히 훨씬 이전부터 그리스도인이 되기 위한 전혀 남다른 소질을 가지고 있었다고 할 수 있을 것이다.

그러나 그런 소질은 모두가 변증법적인 것이었다. 그는 이 순간에 있어서도 그리스도인이 되는 일 이상으로 더 전진해야 한다는 충동을 느끼지 않는다. 그 과업에 관한 한 그의 인식이나 그의 의식은 완전과는 지극히 거리가 멀었기 때문에, 그는 그리스도인이 되는 일에 더욱 매진할 충동만을 느낀다.

호의적인 독자가 이 작은 책을 읽을 경우에는, 그는 이제 내가 어떤 부류에 속하는 저술가인가를 알 것이다.* 나는 여기에 제시되고 있는 그대로의 나다. 현대가 나를 이해하려 들지 않는다

* 왜냐하면 내가 나 자신의 생활에 관해서 보다 정확하고 순수하게 개인적인 해석을 지닌다는 것은 당연한 일이기 때문이다.

면…… 좋다, 그때는 나는 역사歷史에 속하게 될 것이다.

나는 역사 속에서 내가 차지할 자리가 있다는 사실과, 또 그것이 어떤 자리인지를 확실히 알고 있다. 나는 또 하느님 앞에 겸손히 머리 숙이며 다음과 같은 사실을 알고 있다 – 인간적으로 말해서 나에게는(소질이라는 면에서) 범상치 않은 천부의 재능이 부여되어 있었던 사람이었다는 사실을 알고 있다(과거형을 사용한 것은 하느님이 능력을 매일이라도, 심지어는 오늘이라도 그것을 바꿀 수가 있기 때문이다).

동시에 나는 그 사실을 침묵 속에 숨겨둘 것이 아니라, 그것을 공표하는 것이 나의 결정적인 의무라는 것을 알고 있다. 왜냐하면 만일 무엇인가를 거만하고 자만스럽게 주장한다는 것이 하느님의 빈축을 사는 일이라고 한다면, 거짓된 겸손으로 자신을 비하하는 인간들의 비겁한 공포 역시 그 이상으로 하느님의 빈축을 사는 일이기 때문이다.

그 자체가 지나가버린 때에 속하는 이 작은 책자로써 나는 저술활동 전체를 마무리 지으려다. 그러고 나서 나는 저자로서(단순한 저자로서가 아니라, 이런 전체의 '저술'의 저자로서) 미래에 대처하련다. 다음 순간에 이어지는 미래에 내게 어떤 일이 일어날지 나는 모른다. 뒤따르는 시대에 있어서, 즉 내가 역사에 속하게 되는 그때에 그것이 어찌될 것인지 나는 알고 있다. 그러나 이 점에 관해서 내가 알고 있는 것이 어떤 것이든 간에, 내가 겸손하게 그리고 뉘우치며 그러면서도 믿음과 신뢰를 간직하고 미래에 대처하지 않는다면, 그것은 나에게 평온을 가져다주지 않을 것이다.

미래란 가장 가까이에 있는 것이고, 모든 순간에 있어서 똑같이 영원에 가깝다. 비록 내가 더 오래 산다고 하고, 시간이 내게서 모든 것을 빼앗아 간다고 해도, 또 뒤따르는 시대가 나에게 전폭적인 만족을 준다고 해도 그것이 어떻게 진실로 나에게 해를 줄 수 있으며, 또 어떻게 나에게 이익을 줄 수가 있을 것인가?

만일 내가 존재하지 않도록 유념하기만 한다면, 전자가 나를 해칠 수 없을 것이고, 또 후자 역시 나를 이롭게 할 수가 없을 것이다. 왜냐하면 나는 엄숙한 의미에서 '존재하지 않는 자'가 되고 말 것이기 때문이다.

끝맺음

이 이상 나로서는 할 말이 없다. 그러나 다른 사람, 즉 나의 시인에게 말을 시켜 보련다. 그가 등장하면 이념을 위하여 고난을 겪은 사람들 사이에 마련된 하나의 빈 자리를 나에게 지정해 주며 다음과 같이 말할 것이다.

"이 저자가 겪은 수난은 간단히 말해서 다음과 같다 - 즉, 그는 시골 도시에서 천재라는 존재가 겪어야만 했던 고난을 겪었다. 재능과 근면성과 무욕無慾과 헌신과 사상의 규정 등에 관해서 그가 적용한 기준은, 그와 동시대인들의 평균치에 비해서 너무나도 동떨어질 만큼 컸다. 그 기준은 그것들의 값을 엄청난 정도로 높인 반면에, 그들 동시대인들의 값을 엄청나게 깎아 버렸다. 그래서 마치 그 시골 도시와, 거기서 살고 있는 대다수의 사람들은 '절대적인 지배권'을 가지고 있지 못하고, 군림하고 있는 분은 살아계신 하느님 한 분인 것처럼 만들어 버리고 말았다. 그래서 처음 얼마동안 사람들은, 도대체 어떻게 그는 그렇게 범상한 재주를 가지게 된 것일까, 왜 그는 독자적인 수단방법을 가져야만 했고, 동시에 그렇게 부지런할 수가 있는가 하는 등의 화제를 놓고 서로 수다스럽게 쑥덕거리고 있었다. 그들은 그런 일에 관해서 상당히 오랫동안 쑥덕공론을 전개해 왔으나(한편 그들은 동시에 그의 생활양식이 이래저래 특이한 점에 분노를 느꼈다. 그렇지만 실상 그의 생활양식은 특이한 것이 없었고, 단지 지극히 특이하게 그의 삶의 목적에 봉사하기 위해 계산된 것에 불과하였다) – 요컨대 그들은 그렇게 오랫동안 쑥덕공론을 벌여왔지만, 결국 다음과 같은 결론을 얻었다.

그것은 그의 자만심 때문이다. 모든 것은 그의 자만심으로 설명이 가능하다. 그러고 나서 그들은 한 걸음 전진하여 쑥덕공론에서 행동으로 전환하였다. 사람들은, 그것은 그의 자만심 때문이므로, 그에 대한 모든 무례한 짓이나 음흉한 반대나 학대도 용납될 수 있을 뿐만 아니라, 그것은 하느님에 대한 의무이기도 하다고 하고, 그것은 자만심 때문이니까 그런 자만심은 반드시 벌을 받아 마땅하다고들 했다.

아아, 싸구려 장터 같은 거리여! 그대가 그대의 익살맞은 실내복을 차려입고서도 거룩해질 수 있을 때, 그리고 온갖 구역질나는 악의와 무례한 언행과 야비한 향락에 빠져 있는 것이 하느님을 경배하는 표현이 될 때, 그때야말로 그대는 헤아릴 수 없는 값을 지닌 것이다! 그렇지만 그 자의 자만심 운운은 무엇을 말하는 것일까? 과연 그 자만심은 곧 그 위대한 재능 때문이란 말인가? 그것은 마치 황금멧새를 두고 그놈은 거만하다, 혹은 그놈이 황금빛 깃털을 지니고 있는 것은 그놈의 자만심 때문이라고 하며 비난하는 것과 다름이 없다. 혹은 또 그가 근면한 것이 거만하다거나, 그 밖의 일 때문에 거만하다는 말인가?

만일 지극히 엄격한 교육을 받고 자란 어린애가 다른 애들과 같은 교실에서 함께 공부를 하고 있다고 해 보자. 그런데 다른 애들이 그를 따라갈 수 없다고 해서, 그가 근면한 것을 두고 거만하다고 말하거나, 혹은 그 밖의 이유로 인해서 그가 거만하다고 말한다면, 그것이야말로 이상한 말이 아닐까. 그러나 그런 일이란 거의 일어나지 않는다. 왜냐하면 그럴 때 그 어린애는 월반을 하면 되니까. 그러나 불행히도 여러 가지 면에서 영원성의 학급에 들어가야 할 사람에게는 오로지 학급이 하나밖에 없기 때문에, 즉 시간이라는 학급 하나밖에 없기 때문에, 그는 아마도 거기에 오랫동안 머물러 있어야만 할 것이다."

"이것은 수난이었다. 그러나 그렇기 때문에 시인으로서의 그나, 그가 쓴 이런저런 시가 아니라, 그의 전 생애로써 표현한 경구시警句詩나 풍자시로 이해한다. 물론 모든 '약삭빠른' 사람들과 같은 범주 속에서 논의된다는 것, 특히나 짐승으로 취급받는 것은 몰라도, 인간으로 취급받으면서도 그 인간의 척도가 다리脚*로 비교되는 것은 참을 수가 없었다. 그러나 그들의 다리 역시 그의 다리처럼 지금쯤은 그들의 무덤 속에서 곰팡이로 뒤덮여 있을 것이고, 또 그는 영원한 세계에 도달하고 있을 것이므로(여담이지만 영원한 세계에서는 다리가 굵던 가늘던 아무래도 좋다), 영원한 세계에서는(이것 역시 여담이지만) 그는 짐승 같은 놈들과 동거하는 일은 영원히 면제된다.

보아하니 그들 모든 약삭빠른 사람들은 합심하여 합창단

* 「콜사르」 사건 때, 그 신문은 키에르케고어의 다리를 지나치게 가늘게, 그리고 바지의 양쪽 길이를 하나는 길게, 하나는 짧게 그림으로써 그를 비꼬았다.

을 조직하여, 합창단이 이해할 수 있는 유일한 내용을 담은 노래, 즉 이제는 '시대가 요구하는 것'이 되어버린 그의 바지에 관한 시골 도시의 기상천외한 합창을, 혹은 그보다 더 값비싼 합창, 즉 풍자가를 풍자하는 합창을 하고 있다. 이런 일을 언뜻 생각만 하여도 나는 웃음이 터져 나오는 것을 금할 수가 없다.

그러나 그가 이런 고난을 받아왔다는 것, 그가 자진하여 그런 일에 자신을 내맡겼다는 것, 그가 자신의 일을 어떤 망상으로도 지탱하지 않았고, 또 그가 어떤 망상 뒤에 숨지 않고, 하느님을 두려워하는 빈틈없는 지혜 속에서 영원한 세계를 위하여 자신의 재물을(즉, 자신의 고난을 이겨냈다는 기억을) 쌓아두었다는 것, 자기 자신에게 그리고 자신의 첫사랑에게, 즉 세상에서 고난을 받은 사람들만을 사랑해 온 그의 첫사랑에 충실하였다는 것 – 이런 일들에 대해서 영원한 세계에서 그는 위로를 받는다.

겸손한 마음으로 그는 영원한 세계에서 자신들의 보상을 만끽하고 있는 저 영광스러운 분들을 만나기 위해 스스럼없이 나아갈 것이다. 스스럼없이 그가 그들에게로 접근할 수 있는 것은, 그가 진리에 봉사함으로써 커다란 명예와 존경을 얻어, 도처에서 정신적인 공감과 이해를 받은 반면에,

그 사람들은 반대로 거의 도처에서 짐승 같은 악의와 오해에만 부딪혔기 때문에, 그 사람들의 삶이란 결국 엉터리거나 불성실하거나 설익은 증거일 수밖에 없었다는 확신이 서 있었기 때문이었다."

"그러나 또 그가 가지고 있던 것을 그가 이 지상에서 찾았다고 하는 것도 사실이다. 다른 사람들은 그렇지 못했다고 해도 그 자신은 '저 외톨이' 였고, 또 더욱더 그렇게 되었다. 그는 그리스도교를 위하여 몸을 바쳐 일했고, 그의 삶은 놀라울 정도로 어린 시절부터 그런 봉사를 하기에 적합하였다. 이리하여 그는 그리스도교가 무엇인지를, 그리스도인이 된다는 것이 무엇인지를 완전히 반성 속에 끌어넣어 정리시키는 과업, 즉 반성의 작업을 완성하였다.
그의 청결한 마음은 오로지 하나의 일만을 바라고 있었다. 그의 생전에 있어서 그와 동시대의 사람들이, 그는 값을 에누리하려고 하지도 않았고, 또 에누리해 주려고 하지도 않았다고 불평을 늘어놓은 일, 바로 그 일이야말로 뒷날의 시대가 그에게 보낸 찬사다 – 그는 값을 에누리하지도 않았고, 또 에누리해 주지도 않았다. 그러나 그가 시도한 장대한 시도는 결코 그를 얼빠지게 하지 않았다. 그는 저자로서 변증법적으로 전체를 샅샅이 훑어보았기 때문에, 그는 그리스도교적으로 그 전체가 그리스도교 안에서의 자기 자신의 교육을 의미하는 것이라는 사실을 알았다.

그가 완성한 변증법적인 구조물은 그것의 여러 부분이 온전한 작품들이지만, 그는 그것을 어느 누구에게도 바칠 수가 없었고, 또 절대로 그것을 자기 자신에게 바치려고 하지도 않았다. 만일 그가 그것을 누구인가에게 바치려고 하였다면, 그는 그것을 섭리에게 바쳤을 것이다. 아닌 게 아니라 사실상 저자는 날이면 날마다 해마다 거듭하여 그것을 섭리에게 바쳤다. 저자는 역사적으로는 죽을병에 걸려서 죽었지만, 시적詩的으로는 그는 영원한 세계에 대한 그리움 때문에 죽었다. 영원한 세계에서 저자는 끊임없이 하느님께 감사하는 일 이외에는 할 일이 없을 것이다."

[부록]

저 외톨이

저자로서 나의 저술에 관한
두 개의 '비망록'

쇠얀 키에르케고어 著

『관점』과 더불어 1859년 발행

서문

오늘날에 있어서는 일체가 정치다. 정치와 종교적인 관점 사이에는 크나큰 차이가 있다. 출발점과 긍정적인 목적에 있어서도 역시 이 둘 사이에는 크나큰 차이가 있다. 왜냐하면 정치는 땅 위에서 시작하여 땅 위에 머물지만, 반면에 종교는 그 시작이 하늘에서부터 연유하였고, 땅의 것을 정화하여 하늘로 끌어올리려고 하기 때문이다.

성급한 정치가가 허겁지겁 이 책을 뒤적거려 본다고 해도 그에게 별로 덕이 되지는 못할 것이다. 나도 당연히 그러리라고 생각한다. 그러나 그가 약간의 인내심이라도 발휘할 만큼의 친절함이 있기만 하다면, 비록 그가 종교적인 것은 실제적인 것이 되기에는 너무나도 고상하고 이상적인 것이라고 생각하기가 일쑤일지라도, 만일 그가 참으로 인간이기를 사랑하고, 또 진실로 사람들을 사랑하는 정치가라면, 이 책 여기저기에서 전하고 있는 간단한 암시만으로도, 종교적인 것이란 정치가가 가장 행복한 순간에 생각하였던 일의 모습을 바꾼 표현이라는 사실을 알아차리게 될 것이라고 나는 확신한다.

이런 판단이 종교적인 인간을 괴롭히지는 않을 것이다. 왜냐하면 종교인은, 그리스도교란 일반적으로 실제적인 종교라고 불리고 있고, 또 사실이 그렇다는 것을 잘 알고 있기 때문이다.

그는 또 '모범'과 항상 그 '모범'에 상응하게끔 만들어진 상대적인 모든 모범들은, 그 하나하나가 개별적으로 오랜 세월의 노력과 노고와 무욕無慾의 대가를 치르고 얻어진 것이지만, 이 세상에서는 결국 아무것도 아닌 것으로 간주되고, 비웃음과 멸시 등을 받는 것이 되었다는 사실도 잘 알고 있다.

이런 일들이 정치가들에게는 최고로 비실제적인 것으로 보일지는 몰라도, 이교도마저도 그리고 바로 고대의 저 '실제적인 철학자'*마저도, 이런 비실제성을 진심으로 사랑한다고 선언하였다.

그러나 '비실제적'이기는 하지만, 종교적인 것은 정치의 가장

* 소크라테스를 말함.

아름다운 꿈이 영원에 의해서 모습을 바꾼 재현再現이다. 인간의 평등이란 사상을 궁극에 이르기까지 충분히 생각하거나 실현하는 일은 어떤 정치도 다해내지 못했고, 다해낼 수가 없고, 또 어떤 세속성도 다해내지 못했고, 다해낼 수가 없다. 세속성이라는 매개를 통하여 완전한 평등을 실현한다는 것은, 즉 차별이 본질을 이루고 있는 매개 안에서 평등을 실현한다는 것은, 그리고 세속적인 방법으로 평등을 실현한다는 것은, 즉 차별을 그대로 놓아두고 평등을 실현한다는 것은 – 그런 일이란 영원히 불가능하고, 또 그것은 그것이 지닌 범주로 보아서도 명백하다. 왜냐하면 만일 완전한 평등이 달성된다면, 세속성은 끝이 나기 때문이다.

그러나 완전한 평등을 강행하려는, 그리고 그것을 세속적인 방법으로 강행하려는, 그것도 세속성이라는 매개 안에서 그것을 강행하려고 하는 생각을 한다면, 그것은 일종의 광기가 아닐까?

오로지 종교적인 것만이 영원의 도움을 받아서 인간의 평등을, 즉 신적이고, 본질적이고, 비세속적이고, 진정한, 그리고 유일하게 가능한 인간의 평등을 궁극의 한계까지 수행할 수 있다. 그리고 그렇기 때문에(종교적인 것의 명예와 영광을 위하여 이것만은 말해 두어야겠다) 종교야말로 진정한 인간성이다.

허락된다면 한 마디만 더 첨가하고자 한다.

시대가 요구하는 바의 것 – 도대체 누가 그런 것들을 일일이다 세고 있을 것인가! 왜냐하면 세속성이란 요컨대 세속성과 세속성이 세속적으로 마찰을 일으켰기 때문에 자연발화로 점화된 것이기 때문이다. 그러나 가장 깊은 의미에서 시대가 요구하는 바의 것은 단 한 마디로 완전무결하게 표현할 수 있다. 그것이 요구하는 바의 것은…… 영원이다. 우리들 시대의 불행은 바로 이런 것이다 – 즉, 우리들의 시대가 '시간', 다시 말해서 영원에 관해서는 아무것도 들으려고 하지 않는 시간적인 것 이외의 것이 될 수 없었다는 점에 있다. 그리하여 우리들의 시대는(호의에서인지 악의에서인지는 몰라도) 간교하게 꾸며낼 속임수를 써서 영원을 전혀 쓸모없는 것으로 만들려고 한다. 그러나 물론 그런 일이란 영원한 영원에 이르기까지 성공할 수 없을 것이다. 왜냐하면 우리가 영원 없이 지낼 수 있다고 생각하면 할수록, 혹은 영원 없이 지낼 수 있다고 마음을 굳히려고 하면 할수록, 그만큼 더 우리는 영원에 대한 본질적인 필요성을 느끼기 때문이다.

S. K.

1

'저 외톨이' 에게 바친 헌사에 관해서*

친애하는 그대여, 청컨대 이 헌사를 받으소서. 보시다시피 나는 이 글을 어느 누구에게 드리려고 쓴 것이 아닙니다. 그러나 그렇기 때문에 진실로 이 글은 어느 누구의 간섭도 받지 않은 것입니다. 그대가 누구인지를 나는 모릅니다. 그대가 어디에 있는지를 나는 모릅니다. 그대의 이름이 무엇인지를 나는 모릅니다. 그러나 그대는 나의 소망이고, 나의 기쁨이고, 나의 자랑이고, 비록 서로 만나지는 못하였으나 그대는 나의 명예입니다.

---

* 코펜하겐 1847년 봄, 뒤따르는 두 문장은, 지금은 상당히 고쳐지고, 상당히 늘려 놓았지만, 「갖가지의 정신 안에서의 건덕적인 강화」에서 찾아볼 수 있는 '저 외톨이' 에게 바친 헌사의 첫머리에 사용하기 위해 쓴 것이었다.

이제 그대를 위하여 절호의 기회가 찾아온 것을 나는 기쁘게 생각합니다. 이런 기회가 찾아오기를 나는 내가 일을 하고 있던 세월동안, 그리고 일에 몰두하고 있을 때 늘 진지하게 생각해 왔습니다. 왜냐하면 이 세상에서 무엇인가를 얻기 위하여 내가 쓴 것을 읽는다거나, 혹은 적어도 읽은 척이라도 하는 것이 사람들에게 유행이 되고 있다고 한다면(그런 일이 가능하다면 말이다), 그때는 그것을 절호의 기회라고는 할 수 없을 것입니다. 그때는 오히려 오해가 승리의 개가를 올린 셈일 것입니다. 그리고 동시에 만일 내가 그런 일이 발생하는 것을 저지하지 않았다면 성공이 나를 얼빠지게 만들었다고 할 수 있을 것입니다.

이하에서 언급하는 바의 일부는 나의 타고난 사고방식이나 느끼는 방식의 특징을 표현한 것이지만, 가능하면 바꿀 필요가 있는 것이다(물론 나 자신도 그것을 원한다). 그리고 그것은 그 이상의 것이기를 요구하는 것이 아니므로, 독자가 그것에 구애될 필요는 전혀 없고, 오히려 그것은 고백에 가까운 것이다. 그러나 일부는 '생명'과 '진리'와 '길[道]'에 관해서 심사숙고를 거친 것이다.

세상에는 다음과 같은 인생관이 있다. 즉, 군중이 있는 곳에는 진리도 있다, 진리는 군중을 자기편으로 끌어들일 필요가 있다는* 식의 생각이다.

또 세상에는 다음과 같은 인생관도 있다. 군중이 있는 곳에는 어디에나 비진리가 있다는 식의 생각이다. 그러므로 잠시 극단적인 경우를 생각해 보면, 비록 모든 개개인이 제각기 남몰래 진리를 갖고 있다고 하더라도, 그것들이 모두 하나의 떼거리로 뭉칠 때는(즉, '군중'이 어떤 결정적인 의의를 갖게 될 때는, 다시 말해서 투표하는 혹은 소란스러운 혹은 요란한 군중이 될 때는), 비진리가 당장에 분명하게 드러난다는**생각이다.

왜냐하면 군중은 비진리이기 때문이다. 신神적인 의미에 있어서는, 사도 바울이 말한 것처럼, '오로지 혼자서만 목적지에 도

---

* 모든 시간적이고 지상적이고 세속적인 일에 관한 한은, 대중도 판결을 관장할 권한을 가질 수 있고, 또 최종법정으로서 판결을 관장할 권한까지도 가질 수 있다고 하는 것은 당연한 일인 동시에 나 자신도 일찍이 부인한 적이 없다는 사실만은 여기서 단호히 언급해 둘 필요가 있을 것이다. 그러나 내가 말하고 있는 것은 그런 일에 관해서가 아니고, 또 나 자신은 일찍이 그런 일에는 관여해 본 적이 없다. 나는 윤리적인 것에 관해서, 윤리적 · 종교적인 것에 관해서, 그리고 '진리'에 관해서 말하고 있고, 또 나는 윤리적 · 종교적인 관점에서 보아서, 대중이 '진리'란 무엇인가에 관해서 판결을 내릴 수 있는 심판자가 되는 경우에는 대중이란 비진리가 될 수밖에는 없다고 주장하고 있는 것이다.

** 예컨대 그것이 수십만이라는 많은 군중이라고 할지라도, 그들 앞에서 설교도 할 수 있고, 또 진리도 선포할 수 있다고 하는 사실에 대해, 비록 그것이 나에게는 거의 부질없는 짓으로 보이기는 하지만, 나로서는 그것을 반대할 의사가 추호도 없다는 것을 여기서 언급해 두는것이 좋을 것 같다. 나로서는 전혀 반대할 생각이 없다. 그러나 설혹 그것이 열 명이 모인 자리라 하더라도, 만일 그들이 진리를 투표로 결정한다고 한다면, 다시 말해서 만일 그 모임이 심판자로 간주되어, 군중이 그 심판의 척도가 된다면 – 그때 거기에는 비진리가 존재한다.

달한다'*는 말은 영원히 그리고 그리스도교적으로 참이다. 그것은 비교해서 그렇다는 말이 아니다. 왜냐하면 비교에는 다른 사람들의 존재를 셈에 넣어야 하기 때문이다. 이 말은 각자가 그런 사람이 될 수 있다는 뜻이다. 하느님께서 그렇게 되도록 그를 돕는다. 그러나 오로지 혼자서만 목적지에 도달한다.

다시 말하지만 이 말은 각자는 '다른 사람들'과 사귀는 일에 신중해야만 하고, 본질적으로 각자는 오로지 하느님하고만, 그리고 자기 자신하고만 대화를 해야 한다는 뜻이다. 왜냐하면 오로지 혼자서만 목적지에 도달하기 때문이다.

다시 말하지만 이 말은, 인간은 혹은 인간으로 존재하는 것은 신성神性과 연결되어 있다는 뜻이다. 세속적이고 시간적인 의미에서는, 부산스러운 사람이나 사교성이 있는 사람이나, 친구를 좋아하는 사람은 다음과 같이 말할 것이다.

> "오로지 혼자서만 목적지에 도달한다니 말도 안 된다. 왜냐하면 여럿이 힘을 합쳐 노력하여 목적지에 도달한다는 것이 훨씬 그럴듯하기 때문이다. 그리고 우리가 여럿일 때 성공은 더욱 확실하고, 그리고 여럿이면 각자에게도 더 쉽다."

---

* 고린도전서 9장 24절 참조.

아닌 게 아니라 그 말이 훨씬 그럴듯하게 들린다. 그리고 또 모든 지상적이고 물질적인 목적에 관해서라면 그 말은 참이다. 만일 그런 사고방식이 허용된다면, 이 말이야말로 유일하게 참된 견해가 된다. 왜냐하면 이런 견해는 하느님이나 영원을 말살해 버리고, 또 인간의 신성과의 연관성도 말살해 버리기 때문이다. 그런 견해는 그런 것들을 말살해 버리거나 환상적인 말로 바꾸어 놓고, 대신 그 자리에다 근대적인 견해(실은 낡아빠진 이교적인 것이라고 해야겠지만)를 대치해 놓는다.

이 근대적인 견해에 따르면, 인간으로 존재한다는 것은 오성悟性이 부여된 하나의 유類에 속하는 것을 의미하고, 이 유類에 속한다는 것은 어떤 종種에 속하는 것을 의미한다. 그러므로 그 유나 종은 개인보다 높은 존재가 되고, 개인이란 더 이상 존재하지 않고 오로지 표본에 불과하다는 말이다.

그러나 시간적인 것 위로 높이 솟아 궁창을 이루고 있는 영원은 밤하늘의 별이 빛나는 궁창처럼 고요하고, 하늘에 계신 하느님께서는 장엄한 고요가 지배하는 축복의 자리에 계시면서, 그 높은 곳에서도 전혀 어지러움을 느끼지 않으시고, 헤아릴 수 없이 많은 인간들을 샅샅이 살피시고, 한 사람 한 사람의 개인을 그 이름으로 알고 계신다. 위대한 시험관이신 그분은, "오로지 혼자서만 목적지에 도달한다"고 말씀하신다.

이 말은 곧 각자는 누구나 그 목적지에 도달할 수 있고, 또 각자는 누구나 그런 혼자가 되어야만 한다는 뜻이다 – 오로지 혼자서만 목적지에 도달한다. 그러므로 다수, 즉 군중이 있는 곳, 혹은 군중이 있다는 사실에 결정적인 의미가 부여되는 곳, 거기에서는 어느 누구도 최고의 목표를 위하여 일하지도 않고, 살지도 않고, 노력하지도 않고, 오로지 이런 혹은 저런 지상적인 목표만을 위하여 일하고, 살고, 노력할 뿐이다. 왜냐하면 영원하고 결정적인 목표를 위하여 일한다는 것은 오로지 혼자서만 있을 때 가능하고, 또 누구에게나 가능한 이 혼자가 되기 위해서는 하느님께서 도와주셔야만 하기 때문이다 – 하여간에 '군중'은 비진리다.

군중 – 이런 혹은 저런 군중이 아닌, 지금 살고 있거나 이미 오래 전에 사라진 군중이 아닌, 천한 사람이나 고귀한 사람들의 군중이 아닌, 가난하거나 돈이 많은 군중 따위가 아닌 군중, 즉 개념概念 그 자체로 본 군중.* 이 군중은 곧 비진리다. 그 이유는

---

* 여기서 '군중'이니 '대중'이니 하는 낱말은 순수하게 형식적인 의미로 이해해야 할 것이지, 인간의 자기 본위가 비종교적으로 인간을 서민이니 귀족이니 하는 따위로 구분하는 불공평한 규정인 '서민'이란 뜻으로 이해해서는 안 된다는 것을 독자도 역시 잘 기억하실 것이다. 하늘에 계신 하느님이시여, 종교적인 인간이 어찌 그런 비인간적인 불평등을 생각해 낼 수가 있겠습니까! 천만에, '군중'은 수數와 숫자적인 것을 뜻하고, 얼마간의 귀족이나 백만장자나 고관대작 따위도 그것이 숫자적인 것에 말려들면 '군중'이 되고 '대중'이 된다.

군중은 개인을 뉘우칠 줄 모르게 만들고, 책임을 질 줄 모르게 만들고, 혹은 적어도 책임을 분산시켜서 감소시킴으로써 개인의 책임감을 약화시키기 때문이다.

보라! 가이우스 마리우스에게 감히 손을 댈 수 있었던 병사는 단 한 사람도 없었다 – 이것은 진리의 실례였다. 그러나 단지 세 사람이나 네 사람의 여자들이 우리는 여럿이라는 생각이나 기분 때문에, 그리고 누가 했는지 혹은 누가 처음에 손을 댔는지 아무도 결정적으로 말할 수 없으리라는 가능성에 일말의 소망을 걸고, 그런 짓을 할 용기를 낼지 누가 알겠는가! 이 무슨 비진리란 말인가!

우선 첫째로 사실상 '군중' 속에 있는 외톨이가, 어떤 경우에도 개개의 외톨이가 하는 일을 군중이 한다고 생각하는 바로 거기에 비진리가 있다. 왜냐하면 '군중'이란 하나의 추상물이고, 손 따위는 가지고 있지 않기 때문이다.

그러나 개개의 개인은 대개 두 개의 손을 가지고 있다. 그러므로 어떤 개인이 그의 두 손으로 가이우스 마리우스에게 손을 댔다고 하면, 그 두 손은 곧 개인의 손이지 옆에 있는 이웃의 손도 아니고, 군중의 손도 아니다…… 군중에게는 손이 없다.

두 번째로 군중이 그 짓을 해낼 수 있는 용기를 가지고 있다고 생각하는 그 생각이 곧 비진리다. 그러나 실은 어떤 개인을 막론하고, 개인이면 누구든 군중이 항상 비겁한 것처럼 일찍이 그렇게까지 비겁해 본 적이 없다. 왜냐하면 군중 속으로 도피해 버리는 개개의 개인은 개인으로서의 존재로부터 비겁 속으로 도피하는 것이므로(그런 개인은 가이우스 마리우스에게 감히 손을 댈 수 있는 용기도 없었거니와, 자신이 손을 댔다고 인정할 용기도 없다), 그런 인간은 우리가 본질적으로 비겁한 것으로 알고 있는 군중의 비겁에 자신의 몫인 비겁을 더하는 존재들이다.

최고의 실례를 들어보기로 하자.

그리스도와 전 인류를 생각해 보기로 하자 – 물론 이미 태어난 사람이거나 장차 태어날 모든 사람들을 포함한 전 인류 말이다. 그러나 이 경우에는 각기 개별적으로 인기척이 없는 한적한 곳에서 그리스도와 대치하고 있고, 인간은 외톨이로서 그리스도에게로 다가서서 그리스도에게 침을 뱉는 상황을 생각해 보자. 그런 일을 해낼 수 있는 용기를 가진 사람은 일찍이 태어난 적도 없었고, 앞으로도 태어나지 못할 것이다. 이것이 곧 진리다. 그러나 그들이 군중이 될 때에는 그런 일을 해치울 용기를 가지게 된다* – 이 무슨 무서운 비진리란 말인가!

군중은 비진리다. 그러므로 직업상 군중을 이끌어가는 사람보

* 마태복음 27장 30절 참조.

다 더 근원적으로 인간을 경멸하는 사람도 없다.

이런 인물에게 어떤 사람이 혼자서 찾아갔다고 하자 – 그러면 그는 피! 하고 거들떠보지도 않는다. 그의 주의를 끌기에는 수數가 너무 적은 것이다. 적어도 백 명쯤은 되어야만 한다. 그리고 수가 천 명쯤 되면, 그는 그들에게 굽신거리며 하자는 대로 한다. 이 무슨 비진리란 말인가!

그렇다. 단 한 사람의 개인이 문제가 될 때, 그때야말로 그 사람이 인간으로 존재하는 그 사실에 존경심을 표시함으로써 진리를 표명해야 할 때다. 노골적으로 말해서, 만일 그가 가난하고 불쌍한 사람이라면, 그가 해야 할 일은 그 사람을 가장 좋은 방으로 인도하고, 그가 여러 가지 음성을 소유하고 있다면, 그 중에서 가장 친절한 음성을 가장 친절하게 사용하는 것이다. 이것이 곧 진리다.

이와는 반대로 만일 수천 명이나 그 이상의 인원이 모인 자리에서 진리가 투표에 의해서 결정되는 경우에는, 그때 사람들이 해야 할 일은, 마음속으로 조용히 주기도문을 뇌이며 '우리를 악에서 구하옵소서' 하고 기도드리기를 원치 않는다면, 윤리적이고 종교적인 일에 대하여 심판자가 되는 군중은 비진리고, 반면에 사람은 누구나 혼자서 도달하는 자가 될 수 있다는 것이 영원히 진실이라는 사실을 하느님을 두려워하는 마음으로 표명하는 일이다. 이것이 곧 진리다.

군중은 비진리다. 그렇기 때문에 그리스도는 십자가에 못 박히셨다. 그리스도께서는 모든 사람에게 자기 자신을 전했으나 군중과 흥정하려고 하시지 않았고, 어떤 방법으로든 군중이 자신을 돕는 일을 허용하시지 않았고, 오히려 이런 경우에는 단호히 사람들을 물리치셨기 때문에, 또 당파를 만들려고 하시지 않았고, 다수결을 허락하시지 않았고, 그분 자신이 바로 그 자체였던 진리, 즉 외톨이와만 관계하는 진리이려고 원하셨기 때문에 십자가에 못 박히셨던 것이다. 그러므로 진정으로 진리에 봉사하려고 하는 자는 누구나 그 자체가 어느 모로나 순교자다.

가령 어떤 사람이 그의 어머니의 모태에서 참으로 진리에 봉사하려고 결심하였다면, 훗날에 그의 순교가 어떻게 이루어지든 간에, 이미 그는 그것만으로도 그의 어머니의 모태 안에서부터 순교자다. 왜냐하면 군중을 획득하기 위해서는 그리 대단한 기교가 필요 없기 때문이다. 거기에 필요한 것은 약간의 재능과 몇 첩의 비진리와 인정人情의 동향에 관한 약간의 지식이면 족하다. 그러나 진리의 증인이 되려고 하는 사람이라면 누구나 감히 군중과 손을 잡아서는 안 된다 – 아아! 우리는 모두가, 그대나 나나 모두가 이 진리의 증인이 되어야 한다.

진리의 증인 – 그는 물론 정치와는 관련을 맺지 않아야 하고,

또 무엇보다도 정치가와 혼동되는 것을 전심전력으로 경계해야만 한다. 진리의 증인으로서 하느님을 두려워하며 해야 할 일은, 가능하면 모든 사람과 어울리는 일이다. 그러나 언제나 개별적으로 어울려야 하고, 큰 길가에서나 골목길에서 누구나와 대화를 나누어야 하지만, 그것은 군중을 해체하기 위해서고, 설혹 군중을 향하여 말을 건네는 일이 있어도 그것은 군중을 교육하기 위해서가 아니라, 오히려 이런 혹은 저런 개인이 군중이란 모임에서 떠나서 외톨이가 되기를 희망해서이다.

반면에 '군중' 이 진리에 관한 심판관이 되고 군중의 판결이 최종판결로 간주될 때, 진리의 증인은 선량한 마음을 가진 처녀가 댄스홀을 싫어하는 것보다도 더 진정으로 '군중' 을 싫어한다. 그리고 진리의 증인은 최고의 심판자로서의 군중에게 호소하는 사람을 비진리의 도구로 간주한다. 왜냐하면, 되풀이하는 것 같지만, 정치나 그와 유사한 분야에서는 전부 혹은 부분적으로 정당화될 수 있는 것이라도, 그것이 지성적인 것이나 정신적인 것이나 종교적인 것의 영역으로 옮아올 때는 비진리가 되기 때문이다.

그리고 어쩌면 과장되지나 않을까 싶어 한 마디만 더 말해두겠다.

내가 말하는 '진리' 는 항상 '영원한 진리' 를 의미한다. 그러나 정치나 그와 유사한 것들은 '영원한 진리'와는 아무런 상관이 없다. '영원한 진리'가 지닌 본래의 의미로 현실생활 속에 '영원한 진리'를 도입하려고 진지하게 생각하고 있는 정책이 있다면, 그 순간에 그것은 일찍이 상상할 수 있었던 것 중에서도 가장 '비정치적인 것'의 으뜸가는 표본이라 하겠다.

군중은 비진리다. 그리고 흘러간 여러 시대의 가장 비참하였던 상태에 비해서도 더 비참하게 여겨지는 오늘의 시대를 생각하면, 나는 눈물이 날 지경이고, 영원을 그리는 생각이 더욱 간절하다.

오늘의 시대에 있어서는, 익명을 내세운 일간신문이 공중公衆의 도움을 받아 상황을 더욱 광적으로 만들고 있고, 본래가 추상물에 불과한 공중은 '진리'의 문제에 관해서 스스로 심판자가 되겠다고 요구하고 있는 실정이다. 왜냐하면 현실적으로 그런 요구를 하는 모임이 지금은 열릴 수가 없기 때문이다.

익명의 필자가 일개의 사인私人으로서는 도저히 입 밖에 낼 용기조차 없는 내용을, 신문의 도움을 받아 날이면 날마다 자기가 하고 싶은 말은 무엇이든지(심지어는 지성적이고 도덕적이고 종교적인 내용의 일까지도) 말할 수 있는 기회를 가질 수 있다는 사실, 그리고 익명의 필자가 입을 열 때마다(혹은 그의 목구멍을 열 때마다라고 해야 할까?), 그는 즉석에서 천의 천 배만큼 자신의 말을 전할 수 있고,

만의 만 배나 자신이 한 말을 따라서 되풀이 시킬 수 있다 - 그러면서도 이런 모든 일에 책임을 질 사람은 아무도 없다.

그러므로 그것은 고대에서처럼 비교적 뉘우침을 모르는 군중이 전권을 장악하고 있는 사태가 아니라, 절대적으로 뉘우침을 모르는 것, 즉 연출자인 무명無名의 누군가와 익명匿名의 누군가가 전권을 장악하고 있는 사태다. 필자도 익명이고, 공중公衆도 익명이고, 때로는 구독자들까지도 익명이고, 요컨대 아무도 아닌 자, 아아, 아무도 아닌 존재! 이 무슨 해괴망측한 일이란 말인가! 그러면서도 우리들의 국가가 자칭 그리스도교의 국가라고 하다니!

그렇다면 이런 경우에는 '진리'를 위하여 이번에는 신문의 도움을 받아 거짓말이나 잘못을 시정할 수도 있지 않겠는가 하는 따위의 말은 아무도 못할 것이다.

그렇게 말하고 있는 그대여, 군중으로서의 인간이란 언제나 즐거움을 줄 수 있게끔 맛있게 준비된 비진리에 달려드는데, 언제나 씁쓸한 맛만을 안겨주는 진리에 재빨리 달려들 것이라고 그대는 감히 주장할 수 있는가? - 더구나 속았구나 하는 고백을 하지 않을 수 없는 사실 때문에 진리를 받아들이는 일이 더욱 어렵다는 사실을 전혀 도외시하고 그대는 그런 주장을 할 수가 있는가 말이다! 혹은 또 그대는 진리란 아무런 예비지식도 필요 없거니와, 학교나 훈련도 필요가 없고, 아무런 극기심이나 자기부정도, 그리고 성실한 자기고민이나 참고 견디는 노력도 필요가 없는 비진리처럼 재빨리 이해할 수 있다고 감히 주장할 수가 있단 말인가?

천만에, 선전이 유일한 목적인 것처럼 광분하고 있는 그런 비진리를 증오하는 진리는 발이 그렇게 빠르지 못하다. 우선 진리는 신문이 지닌 환상적인 방법을 수단으로 사용하지는 않는다. 그런 환상적인 방법은 곧 비진리다.

진리의 전달자는 오로지 외톨이뿐이다. 그리고 또 진리는 오로지 외톨이에게만 전달될 수 있다. 왜냐하면 진리는 바로 외톨이에 의하여 표명된 인생관 속에서 성립되기 때문이다. 진리야말로 하느님의 눈에서 벗어나서는, 하느님의 도움 없이는, 하느님이 중간자中間者로 포함되지 않고서는 전달할 수도 없고, 또 받을 수도 없다. 하느님이야말로 바로 '진리' 이시다.

그러므로 '진리' 는 오로지 '외톨이' 에 의해서만 전달될 수 있고, 받아들여질 수 있다. 따라서 사실상 살아 움직이는 누구나 외톨이가 될 수 있다. 외톨이로 존재하는 사람을 그렇지 못한 사람과 구별해 주는 표시가 곧 진리의 표시이고, 추상적인 것과 환상적인 것과 비인격적인 것, 그리고 군중과 반대되는 것이 곧 그 표시다. 공중公衆은 중간자로서의 하느님을 배제해 버리고(왜냐하면 인격적인 하느님께서는 비인격적인 관계 안에서는 중간자가 되실 수 없기 때문이다), 따라서 또 진리도 배제해 버린다. 왜냐하면 하느님께서는 곧 '진리' 이시고, 진리를 이해시키는 중간자이기 때문이다.

그리고 모든 인간을, 무조건 절대적으로 모든 인간을 존경하는 것은 진리고, 이것이 곧 하느님을 두려워하는 일이고 우리의 '이웃' 을 사랑하는 일이다. 그러나 윤리적이고 종교적인 관점에서 본다면, '군중' 을 '진리' 에 대한 최후의 심판자로 인정하는 일은 하느님을 부정하는 일이고, 그것은 곧 '이웃' 을 사랑하지 않는 것을 의미한다. '이웃' 이야말로 절대적으로 참된 인간평등의 조건이다. 각자가 진실로 각자의 이웃을 자기 자신처럼 사랑하는 경우라면 완전한 인간평등은 달성되었다고 하겠다. 참으로 자신의 이웃을 사랑하는 사람이라면 누구나 무조건 인간평등을 실현하고 있는 셈이다. 나처럼 자신의 노력이 빈약하고 불완전하다고 하는 사실을 인정하고 있으나, 자신의 사명이 우리의 이웃을 사랑하는 일이라는 사실을 깨닫고 있는 사람이라면 누구나 역시 인간 평등이 무엇이라는 것을 깨닫고 있는 인간이다.

그러나 나는 일찍이 성서에서 '그대는 군중을 사랑하라' 는 계명을 읽은 적이 없다. 하물며 '그대는 윤리적이고 종교적으로 진리의 문제에 있어서 군중을 최고의 심판자로 인정하라' 는 계명을 읽었을 리가 없다. 문제는 지극히 간단하다 – 각자의 이웃을 사랑하는 일, 이것은 곧 자기부정이다. 군중을 사랑하는 일, 또 군중을 사랑하는 척하는 일, 군중을 '진리'의 심판자로 내세우는 일은 물질적인 힘을 얻으려는 길이고, 온갖 종류의 시간적이고 세속적인 이익을 추구하는 길이다 – 동시에 그것은 비진리다. 왜냐하면 군중이란 비진리이기 때문이다.

거의 표시된 적이 없는 이상과 같은 견해(왜냐하면 어떤 인간이 군중은 곧 비진리라고 생각하는 일은 종종 있는 일이지만, 그 군중이 단지 단체로서 그의 의견을 받아들일 때는 매사가 다시금 도로 아미타불이 되고 말기 때문이다)가 진실이라는 것을 승인하는 사람은 자기 자신이 약자고, 무능력자라는 것을 고백하는 셈이다. 왜냐하면 개인이 권력을 소유한 군중에 대항하기란 불가능한 일이기 때문이다! 그리고 윤리적 · 종교적으로 보아, 군중을 심판자로 간주하는 것은 비진리라고 하는 자신의 견해를 관철하기 위하여, 군중을 자기편으로 끌어들인다는 것은, 그로서는 감히 엄두도 내지 못할 일이다. 그것은 자기 자신을 조롱하는 일이다.

그러나 처음부터 이런 견해가 나약성과 무기력성을 인정하고 있고, 따라서 환영을 받기에는 거리가 먼 것이고, 또 바로 그런 이유 때문인지는 몰라도 거의 들어볼 수가 없는 견해이긴 하지만, 그것은 그것 나름대로 좋은 점도 가지고 있다. 왜냐하면 그 견해는 공평하고 아무도 단 한 사람에게도 상처를 입히지 않고,

또 맹세코 전혀 불공평한 차별을 두지 않기 때문이다. 사실 군중이란 개개인이 모여서 이룩된 것이다. 그러므로 그들이 본래의 모습인 개인으로 돌아가는 것은 각자의 권한에 속하는 것이다. 자진해서 군중이 되겠다는 사람을 제외하고는, 어느 누구도 개인이 되는 일에서 배제되지는 않는다.

이와 반대로 군중이 되는 것, 군중을 자기 주위에 모으는 것은 인생의 차별을 인정하는 일이다. 가장 선의에 넘친 사람도 이런 차별에 관해서 발언을 하면 쉽게 개인에게 상처를 입힐 수 있다. 그러나 이때에 인간들에게 권력과 영향력과 위신과 지배력을 행사하는 것은 군중이 아니라 불공평한 인생의 차별 그것이다. 이 차별이 무엄하게도 개인을 나약하고 무력한 존재로 무시하고, 시간적이고 세속적인 관심에 사로잡혀 영원한 진리를 무시한다 – 외톨이라는 영원한 진리를 말이다.

후기

이상에 언급한 내용은, 비록 후에 다시 고쳐 쓰고 또 상당한 분량의 내용이 추가되기는 하였지만, 본래가 1846년에 쓴 것이라는 사실을 독자는 기억할 것이다.

물론 서두의 내용은 내가 자진해서 불한당들의 고약한 학대에 나 자신을 내맡겼던 그 순간의 느낌을 그대로 반영하고 있다. 그때 이후로 현실의 여러 사건들은 여전히 전능하였지만(1848년에 있었던 절대왕정에서 입헌군주제로의 헌법개혁을 말한다), 군중이라는 그것이 윤리적 · 종교적으로 최고의 심판자로 간주된다는 것은 비진리라는 명제에 대하여 역시 밝은 빛을 던져주고 있다.

진실로 이런 사실은 나에게 많은 도움을 주었다. 나 자신으로서는 그것 때문에 나 자신의 위치를 확인하고 또 자신을 이해하는 데 많은 도움이 되었다. 그리고 동시에 이제는 나는 연약하고 외로웠던 나의 목소리가 우스꽝스러운 과대망상처럼 들렸던 당시보다는 훨씬 더 잘 이해할 수 있음을 확신하게 되었다. 또 한편으로는 나의 목소리는 현실의 여러 사건들이 같은 말을 하고 있는 요란한 음성 때문에 이제 거의 들리지 않을 정도가 되었다.

2

'저 외톨이'에 대한 저자로서의 나의 저술활동의 관계에 관한 한 마디*

누구나가 다 아는 바와 같이, 하찮은 것이 멸시당하고 무시당하는 인생으로 이끌어 간다 – 그러나 이 사소한 것이 어젠가는 복수를 한다. 왜냐하면 모든 오해의 밑바닥에 깔려 있는 것은 바로 이런 하찮은 일이기 때문이다. 특히나 그것이 격정적이고 악의에 찬 것일 경우에는 특히 그렇다. 만일 그렇지 않다고 한다면 그것은 전혀 오해라고 할 것이 못 되고, 본질적인 의견의 불일치에 불과하다. 오해가 생기게 되는 것은 한쪽이 중대하다고 생각하는 것을 상대방이 별것이 아니라고 생각하는 데서 생긴다.

* 이 글은 1847년에 쓴 것이지만, 후에 고치고 또 보충하였다.

다시 말해서 이런 오해는 근본적으로 하찮은 일이 그들 둘을 갈라놓기 때문에 생기고, 또 오해 때문에 의견의 불일치에 이른 양자가 시발점에서 서로 이해하기 위한 충분한 시간을 소비하지 않았기 때문에 생긴다. 왜냐하면 모든 진정한 '의견의 불일치' 의 밑바닥에는 이해가 성립되어 있기 때문이다.

끝없는 오해란 사전의 이해가 결여되어 있기 때문에 생기는 것으로, 이런 사전의 이해가 없으면 의견의 일치건 불일치건 한 결같이 모두가 오해인 것이다. 그러므로 오해는 그것을 제거하여 의견의 일치와 이해에 도달할 수도 있으나, 또 오해를 제거해 버린 결과로 진정한 의견의 불일치에 도달할 수도 있다. 왜냐하면 두 사람이 진정으로 의견이 일치하지 않으면 오해라고는 말할 수가 없기 때문이다.

두 사람이 서로 이해하기 때문에 바로 두 사람이 참으로 의견의 일치를 보지 못하기도 한다.

나와 동시대에 살고 있는 몇몇 사람들과 나 사이에, 저자로서의 나의 저술활동에 관해서 의견의 불일치가 발생하였고, 또 지금도 그것이 그대로 지속되고 있는 것은, 부분적으로는 '저 외톨이' 때문이라고 내가 확신하고 있다고 해도 과언은 아닐 것이다. 만일 이 '저 외톨이' 라는 말만 없었더라도 그들 중의 여럿이 나의 저서를 읽었을 것이고, 또 만일 그 말만 없었더라도 군중은 나를 전적으로 평안하게 내버려 두었을 것이다.

만일 '저 외톨이' 라는 것이 나에게 하찮은 것이었더라면 나로서도 그것을 버릴 수 있었을 것이다. 실상 나는 기꺼이 버렸을 것이고, 또 만일 온갖 민첩성을 다 발휘하여 그것을 버릴 생각을 안 했다면 나로서는 그것을 수치로 여겼을 것이다.

그러나 그런 일이란 천부당만부당한 일이다. 나로서는, 사사로운 나 개인으로서가 아니라 한 사람의 사상가로서, 외톨이라는 이 문제는 가장 결정적인 중대사다. 그러므로 유일하게 남은 가능성은 오해를 제거하는 일 뿐이다. 외톨이란 결코 하찮은 것이 아니라는 사실을 내가 각자에게 분명히 밝힐 수 있다면, 그때는 의견의 불일치도 역시 자연히 제거될 것이다.

분규는 사람들이 외톨이를 하찮은 것으로 생각했고 내가 그 하찮은 것에 대단한 중요성을 부여한 사실에 그들이 격분하였기 때문에 생겼다. 그러므로 결국 둘 중의 어느 하나일 수밖에 없다. 즉, 외톨이란 하찮은 것이라고 하는 그들의 주장이 옳으므로 내가 그것을 버리든가, 아니면 내가 이해하고 있듯이 외톨이는 매우 본질적인 것이므로 본질적으로 중요한 것에 대단한 중요성을 부여하는 일에 대해서는 불평할 근거가 없든가, 이 둘 중의 하나일 수밖에 없다.

반면에 또 외톨이가 중요하다는 사실에 관해서는 약간 진지하게 생각해 볼 충분한 근거가 있다. 나로서는 무시해서는 안 되는 것은 무시한 일이 없다. 일찍이(신문 「조국」에다 후라텔 타키토르누스라는 이름으로)* 나는 이 문제를 가능한 한 특이한 방향으로 몰고 가려고 하였다 – 물론 수상쩍은 호기심에서 그런 일을 한 것은 아니다. 반대로 내가 한 일의 취지는 최고도로 나에게는 분명하였고, 나는 책임을 지고 행동하였다.

다시 말해서, 하지 않으면 나의 무책임으로 돌아올 일은 전폭적으로 내가 책임을 지고 행동하였다. 그래서 나는 그 일을 해냈다(그것도 신문지상에서, 뿐만 아니라 거리의 소문의 전후를 언급하는 논설에서 말이다). 왜냐하면 이 점에 자극적으로 주의를 환기시키는 일이 나에게는 매우 중요하다고 생각되었기 때문이다.

이런 일이란 외톨이에 관한 이론을 전개한 열권의 책으로도, 또 외톨이의 문제를 다룬 열 번의 강의로도 성취할 수가 없고, 오늘날에 있어서는 자신을 조소의 대상으로 만들고 세상 사람들을 약간 화나게 만들어서, 자신이 강조하고 싶고 또 가능하면 모든 사람들에게 주의를 환기시키고 싶은 일에 대하여 사람들이 쉴 새 없이 되풀이하여 비웃으며 비방하도록 만듦으로써만 달성

* 더하여 그것이 가명으로 된 글이었다는 사실과 따라서 나로서는 가명의 필자의 성격에 어울리게끔 시적인 형식을 채택하지 않을 수 없었기 때문에, 논쟁적인 논문을 쓰는 데는 한층 더 어려움이 뒤따랐다는 사실을 독자들은 기억해 주시기 바란다.

할 수 있다.* 이것이야말로 절대적으로 확실한 반복교수법이다. 그러나 무엇인가를 달성하려고 하는 사람이면 누구나 다 자신이 살고 있는 시대를 알아야만 한다. 그리고 또 가장 확실한 방법을 사용한다는 위험을 무릅쓸 용기를 가져야만 한다.

나는 이 방법을 사용하였지만, '저 외톨이'의 변증법은 그 자체의 이중운동 때문에 항상 양의적兩義的이 된다. 가명으로 쓴 어떤 저서에 있어서도 이 '외톨이'의 주제는 어떤 모습으로든 분명히 나타나 있다. 그러나 거기에서의 외톨이는 심미적인 의미에서 대개가 저명한 개인이거나 저명한 인물이거나 그와 유사한 인물들이었다. 내가 쓴 건덕적인 어떤 저서에서도 '외톨이'의 주제는 가능한 한 공식으로 분명히 나타나 있다. 그러나 거기에서의 외톨이는 누구나가 그런 존재이고 또 그렇게 될 수 있는 외톨이다.

가명으로 쓴 저술의 출발점은 지성이나 교양 등에 관한 사람과 사람 사이의 차별이고, 건덕적인 저술의 출발점은 인간 일반이라는 건덕적인 사상이다. 그러나 이 이중적인 의미야말로 바로 '외톨이'의 변증법인 것이다.

---

* 그리고 (정확히 이해해서) 나와 비웃음 사이에는 은밀하고도 행복한 이해가 성립되어 있었다. 나는 (정확히 이해해서) 비웃음의 벗이고 애호가이고, 어떤 의미에서, 즉 진지하게 말해서 다른 사람들, 수천수만의 모든 사람들이 풍자적인 인간이 되고, 나는 (지극히 풍자적인 현상이지만) 나만이 홀로 풍자를 이해하지 못하는 위인이 되어버린 바로 그 순간에 더할 나위 없이 진실한 비웃음의 벗이 되고 애호가가 되었던 것이다.

'외톨이' 는 모든 사람 중에서 단 한 사람을 의미할 수 있고, 또 '외톨이' 는 모든 사람을 의미할 수도 있다. 그러므로 만일 누구든지 변증법적으로 주의를 환기시키려고 한다면, '외톨이' 라는 범주를 양쪽으로 겸용하면 된다. 한쪽 사상에 깃들어 있는 교만은 어떤 사람들을 격분하게 할 것이고, 다른 한쪽 사상에 깃들어 있는 겸손은 그 밖의 사람들의 동정을 살 것이지만, 이 이중적인 의미 속에 도사린 교란작용은 변증법적으로 주의를 환기시킬 것이다.

그리고 이미 언급한 바와 같이, 이 이중적인 의미가 바로 '외톨이' 의 사상인 것이다. 내가 믿기로는, 대부분의 세상 사람들은 가명으로 쓴 저서의 '외톨이' 에만 주의를 기울이고, 따라서 당연히 나와 가명의 저자를 혼동하고 있다 – 그러므로 나를 가리켜 거만하다느니 교만하다느니 하는 말들을 하고 있지만, 나를 정죄定罪하는 바로 그 말로써 실은 그들 자신의 정체를 고발하고 있는 셈이다.

이리하여 이 '외톨이' 라는 낱말은 이 시점에 이르러서는 거의 유행어처럼 정착해 버렸고, 그리고 나는 가련하게도 비웃음을 받지 않을 수 없는 처지에 놓이게 되었다. 설혹 내가 이 영원한 가치를 지닌 사상에 주의를 기울여 달라고 온갖 거룩한 존재와 하늘에 계신 하느님의 이름으로 눈물을 흘리며 모든 사람에게 호소를 하였다고 해도, 분명히 아무도 그런 일에 귀를 기울이지는 않을 것이다.

이제 '외톨이'라는 낱말이 충분히 뿌리를 박았으므로, 나는 나 나름대로 조금이라도 오해를 제거하는 일에 나의 전력을 기울여보려고 한다. 원래가 그것은 보다 깊은 의미에서는 나의 저술에 친숙하지 못한 사람들에게만 일어날 수 있는 오해인 것이다. 도대체가 무엇인가를 시도함에 있어서 야기될 수 있는 모든 오해를 방지하려는 욕심은 젊은 사람들에게만 일어날 수 있는 일이다.

오해만큼 우리가 마음대로 할 수 없는 것도 없거니와, 또 오해만큼 오해를 불러일으키기 쉬운 것도 없다. 어떤 사람이 오해를 피하는 일 이외에는 아무것도 하지 않았다고 하면, 아마도 그는 모든 사람들의 철두철미한 오해를 사기가 일쑤일 것이다.

물론 독자가 한 사람에 그치지는 않을 것이라는 사실은 나도 잘 알고 있었다.

'덴마크는 작은 나라다.' 비록 자신의 독특한 언어를 갖고 있기는 하지만, 덴마크의 인구는 그리 많지 않다. 문학 분야의 환경도 보잘것없고, 따라서 문학지文學誌 같은 것도 존재하지 않고, 또 오랫동안 존재해 본 일이 없다. 문학은 일간신문의 호의에 의 존할 정도로 몰락하였고(말이 안 된다!), 도매상인인 나타손*의 말을 빌린다면 '한 번 봐준다'는 지경에까지 이른 것이다.

저술가로서의 나는 대단한 열성과 대단한 속도로 일을 하였지만, 진리에 봉사하는 의미에서 나는 나의 저서의 보급을 방지하였다고 하기보다는 잘못 이해된 채로 그것들이 보급되지 않도록 나의 태반의 능력과 창의력을 소비하였다.

이런 일을 감안해 볼 때, 그래도 나는 내가 기대했던 것보다는 많은 독자를 가진 셈이다. 나는 이 사실을 잘 알고 있다. 그리고 이 사실을 알고 있는 나는 매우 고맙게 생각하고 있다. 그래서 나는 이런 사실을 결코 구매자들이나 독설가들을 꾀어내는 수단으로 악용하지 않음으로써 나의 감사를 보다 참되고 보다 정직하게 표시하려고 하였다.

그러므로 인기를 끌고 있던 나의 저서가 가능한 한 모든 사람들에게 읽히고, 또 이해되는 것을 바랄 수 없도록 나를 방해한 것이 내 편에 있다고 하는 생각 – 이런 생각은 바보가 아니면 악의에 찬 인간**이나 해낼 수 있는 생각이고, 또 이미 혼란에 빠져

* Mendel Levin Nathanson(1780–1868). 당시 코펜하겐에서 발행되고 있던 자유주의적인 일간지인 「베를린 타임즈」의 소유주이자 주필. 그는 키에르케고어가 가장 증오한 사람 중 하나였다.

** 「콜사르」의 기고가 중의 한 사람인 페테르 루드비히 묄러를 가리킴. 그는 『인생길의 여러 단계』를 비판하는 글을 출간했는데 이 글은 형편 없는 감상문으로 키에르케고어의 사상을 전혀 이해하지 못한 글이었다.

있던 사람을 가능하면 더욱 혼란에 빠지도록 하기 위하여(그런 일이란 가만히 내버려두어도 당연히 그렇게 된다), 또 호의적이고 선량하고 신중한 사람들에게 되도록 나를 나쁘게 생각하도록 만들기 위하여, 오로지 악의惡意만이 사용할 수 있는 생각이다. 그러나 일은 주문대로 척척 들어맞지 않았다. 하느님이시여, 찬양을 받으소서! 일은 내가 기대했던 이상으로 실패로 돌아갔다. 오히려 반대되는 현상이 일어났다고 하는 사실이야말로 나에게는 참으로 건덕적인 기쁨이 아닐 수 없었다.

우리들의 시대의 상황을 제대로 볼 수 있는 눈을 가진 모든 진지한 사람은, 진리의 궁극적인 결과를 회피하지 않은 충분하고도 시종일관하는 노력을 기울이고, '인류' 라든가 가공적인 사회의 개념을 빌어 철학적으로, 사회적으로 '외톨이' 를 타락시키려고 하는 비도덕적인 혼란을 과감하게 반대한다는 것이 얼마나 중요한 일인가를 쉽게 알아차릴 수 있을 것이다.

이런 혼란은 종교성의 첫 번째 요건인 외톨이로서의 인간을 외람되게도 경멸하도록 가르치려고 하고 있다. 이러한 혼란은 인간들을 되도록 고립된 인간으로 존재하게 함으로써만 저지할 수가 있다.

그러나 결국 모든 사람은 고립된 외톨이다! 건덕健德이 무엇인지를 알고 있는 진지한 사람이면 누구나 – 그가 귀하건 천하건, 현명하건 어리석건, 남자건 여자건 간에, 신앙심에 눈뜨고 하느님께서 자신을 가까이 이끄셨다고 느낀 사람이면 누구나 – 집단적으로 신앙에 눈을 떴다, 혹은 눈이 뜨게 되었다는 것이 불가능하다는 사실과, 그런 일이란 '모가 나게 사랑한다' 거나, 집단적으로 사랑한다는 것 이상은 불가능하다는 사실에 나와 더불어 무조건 의견의 일치를 볼 것이다.

신앙이란 것은 연애보다도 더 결정적으로 외톨이와 관계된다. 외톨이 – 특별히 뛰어났다거나 각별한 재능이 부여된 개인이란 의미에서의 외톨이가 아니라, 모든 사람이 절대적으로 그런 존재가 될 수 있고, 또 되어야만 한다는 의미에서의 외톨이 – 이런 외톨이는 자신이 외톨이라고 하는 사실을 자랑으로 여겨야만 하고, 또 참으로 자신이 외톨이라고 하는 사실에서 자신이 축복된 존재라는 것을 발견할 것이다.

내가 쓴 건덕적인 저서 중의 어떤 것을 읽고 그 속에서 건덕적인 것을 찾아낸 많은 사람들 중의 개개인이, 또 건덕적인 저술가로서 내가 약간의 영향을 끼친 각자가 – 만일 그가 심판자로서 자기 자신을 위해서나, 또 어쩌면 나 자신을 위해서도(왜냐하면 나는 대개의 경우에 있어서 현명한 심판의 자리에 서본 적이 없기 때문에) '외톨이' 에 관한 나의 의견이 과연 그를 속인 것이나 아닌지, 또 이 사상 때문에(이 사상을 충분히 강조하고, 되도록 그에게 그것을 유의하도록 하기 위해) 잠시나마 군중의 조소*에 나 자신을 내맡김으로써, 또 질투가 이런 조소를 이용할 생각이 내키게 하게끔 할 목적으로 나 자신을 그런 조소에 내맡김으로써 그를 속인 것이나 아닌지를 자문자답해 본다면, 그때 그는 분명히 그 자신이 아직도 완전히 외톨이가 되어 있지 못하다는 사실을 자기 자신에게(내게가 아니다. 왜냐하면 내게 그럴 필요는 없으니까) 고백하게 될 것이다.

그렇다고 해서 나 자신이 외톨이라고 하는 것도 아니다. 비록 나는 그것을 쟁취하기 위하여 싸워왔지만, 아직은 그것을 쟁취하지 못한 채 여전히 싸움을 계속하고 있다. 그러나 최고의 척도에 견주어본다면, '외톨이'란 사람의 능력을 벗어난 존재라는 사실을 잊고 있지 않은 한 사람으로서 싸우고 있다.

'외톨이'란 종교적인 견지에서 본다면 이 시대가, 모든 역사가로서의 전 인류가 반드시 통과해야만 하는 범주다. 테르퓨레

---

* 여기서 언급한 이유 이외에도 다른 이유가 많지만 나는 그것을 여기에 길게 쓰지 않으련다. 또 크지도 않은 나라에서 무서울 정도로 각 방면에서 만연하고 있는 문학적인 퇴폐에 관해서도 되도록 현대의 각성을 위하여 주의를 환기시키고자 한 일에 관해서도 언급하지 않으련다. 자기희생을 감수한 인간인 나는 잠시나마 감히 그런 조소의 희생이 되었던 것이다 – 아아, 아이러니에 관해서 쓴 논문으로 박사가 된 내가 말이다! 그러나 비록 아이러니와 슬픔은 하나고 동일한 것이기는 하지만, 어떤 의미에서 그것은 나의 마음을 깊은 슬픔에 잠기게 하였다. 왜냐하면 국민들 중에서 하층계급으로 불리는 사람들을 나보다 더 진지하게 그리스도교적인 방법으로 사랑한 사람은 그리 많지 않았기 때문이다. 그도 그럴 것이 나는 저널리스트도 아니었거니와 선동가도 아니었으니까 말이다.

에 버티고 서 있던 그 사람*도 '외톨이' 라고 하는 이 좁은 골짜기를 지키며 버티고 서서, 그것에 사람들의 주의를 환기시키려고 한 나만큼은 그 지위가 안전하지 못하였을 것이다.

그의 임무는 수많은 군사가 그 골짜기를 통과하는 것을 저지하는 일이었다. 그들이 밀고 지나가 버리면 그의 존재는 없어진다. 나의 과제는 적어도 발아래 짓밟히는 존재가 될 그런 위험에 나를 몰아넣지 않는 것이었다. 왜냐하면 나의 과제는 하나의 비천한 하인으로서(그것도 처음부터 내가 단언하였고, 또 재삼재사 되풀이하여 단언하였듯이 '아무런 권능도 없이') 되도록 많은 사람들을 그들이 '외톨이' 라는 이 골짜기를 통과할 수 있도록 초대하고 선동하는 일이었기 때문이다.

그러나 아무도 외톨이가 되지 않고서는 이 골짜기를 통과할 수 없다. 그것을 위배한다는 것은 범주적으로도 불가능한 일이다. 뿐만 아니라 설혹 내가 나 자신의 묘비명墓碑銘을 스스로 택한다고 해도, 나는 '저 외톨이' 라는 말 이외의 것을 원하지는 않을 것이다. 지금은 그것이 이해되지 않는다고 해도** 언젠가는 확실히 이해될 것이다.

---

* 스파르타의 왕 레오니다스를 말함.

** 독자는 이것이 1847년에 쓴 것임을 기억할 것이다. 1848년의 세계적인 변혁(2월 혁명)은 이 사실을 이해하는 데 큰 도움이 되었다.

국내에서 너도나도 모두가 말끝마다 체계, 체계 하고 있던 당시에, '외톨이' 라는 이 범주를 가지고 가명의 저자는 체계에 일격을 가하려고 하고 있었다.* 이제는 더 이상 체계 운운하는 소리를 거의 들을 수가 없다.** 하물며 마지막 유행어로서나 시대의 요구로서의 체계라는 말이야 해서 무엇 하겠는가.

나는 나의 실명實名을 붙인 문학작품을 시작함에 있어서 '외톨이' 라는 범주를 들어 기치로 삼았다. 그리고 그것은 판에 박은 듯이 계속 되풀이되었다. 이것은 곧 외톨이라는 범주가, 내가 후에 가서 고안해 낸 것이 아니라, 처음부터 내가 지니고 있던 사상이라는 것을 말해 준다.

윤리적으로 나에게 중요한 의미를 갖는 어떤 것에도 이 '외톨이' 의 범주가 절대적으로 결합되어 있다. 만일 이 범주가 옳다면, 만일 이 범주가 합당한 것이라면, 만일 이것에 주의를 환기시키는 것이 나의 과제(비록 그것이 즐거울 것도 못 되고 고마울 것도 못 될망정)라고 간주하는 것이 옳고, 또 그렇게 이해하는 것이 잘못이 아니라면, 만일 그것이 내가 해야만 하게끔 나에게 주어진 과

---

* 변증법이라는 것을 조금이라도 알고 있는 사람이라면 누구를 막론하고 체계 속에 있는 한 점點에서 '체계' 를 공격한다는 것은 불가능하다는 사실을 알 것이다. 그러나 체계 바깥에 참으로 씨앗 같은 하나의 점이 있다. 윤리적으로 종교적으로 잉태되었고 실존적으로 강조된 '외톨이' 가 바로 그것이다.

** 1848년인 지금에서야 말해서 무엇하랴!

제라면, 세상에서는 거의 체험할 수 없는 내적인 고뇌와, 매일같이 찾아보려고 해도 찾아 볼 수 없을 만큼 무서운 외적인 희생이 뒤따른다고 해도, 그런 임무가 나에게 주어진다고 하면, 나는 굳건히 버티고 서서 지탱할 것이고, 또 나의 저술은 나와 함께 남을 것이다.

이 범주, 이 범주를 사용하였다는 사실, 그리고 이 범주를 그렇게까지 인격적으로 그렇게까지 결정적으로 사용하였다고 하는 사실은 윤리적으로는 결론적인 일이다. 이 범주가 없었더라면, 그리고 이 범주를 그런 식으로 사용하지 않았더라면, 저자로서의 나의 전체 저술활동에는 이중성이 결여되어 있었을 것이다. 왜냐하면 그들 저술 속에서 언급되고 서술되고 전개되고 선포된 모든 것이 실제로 거기에 선포되고, 또 어쩌면 상상이나 변증법이나 심리적인 통찰이나 기타 그와 유사한 방법을 사용하여 선포하였다고 해서 – 그랬다고 해서 당연지사처럼 저자가 그의 시대를 이해하였고, 또 단 한 마디로 그가 그의 시대와 그 시대 속에서 살고 있는 자기 자신을 절대적이고도 결정적으로 표현하고 있었다는 결론은 뒤따르지 않는다 – 그것은 붕괴의 시대였다*고 하는 결론은 뒤따르지 않기 때문이다.

---

* 현대에 대한 통찰에 관해서는, 다른 언급 중에서도 특히 1846년 코펜하겐에서 발행된 키에르케고어의 『문학평론』 제2부 「현대의 비판」을 참조하라. (『반복/현대의 비판』 임춘갑 역, 2011. 치우)

이 사실을 선포함에 있어서 저자는 자기 자신을 '진리의 증인'이라고 부르지는 않고 있다. 천만에, 어림도 없다! 진리에 가까운 말을 했다고 해서 누구에게나 진리의 증인이란 이름을 적용해서는 안 된다. 천만의 말씀이다. 그런 식으로 가다가는 차고 넘칠 정도로 진리의 증인이 생기게 된다. 그렇다. '진리의 증인'을 식별하기 위해서는 그의 개인적인 실존의 방식이 윤리적으로 그가 한 말에 비추어서, 과연 그의 개인적인 실존이 그가 한 말을 표현하고 있는지 어떤지를 검토해 보아야 한다 – 비록 체계적인 강단적 경향과 현대가 지닌 일반적인 무성격성 때문에 이런 고찰이 전적으로 부당하게 무시되어 있기는 하지만 말이다.

그건 그렇거니와 이 저자의 삶은, 자신이 윤리적으로 외톨이로서 존재하고 있다고 규정한 바를 상당히 정확하게 표현하고 있다. 그는 헤아릴 수 없을 만큼 많은 사람들과 사귀어 왔다. 그러나 그는 항상 동떨어져서 홀로 서 있었다.

주위에서는 위원회를 설립하고, 해체하고, 버리고 하며, 거의 위원회를 둘러싸고 세월을 보내고 있었지만, 그가 전심전력을 다한 싸움은 만사 제쳐놓고 자신이 홀로 서 있을 수 있는 권리를 획득하기 위한 싸움이었다. 그는 또 자신의 그 범주를 위하여 희생을 지불한 일도 한두 번이 아니었고, 또 잇달아 위험에 노출되기도 하였다. 그런데 주목할 점은 그 위험이라는 것이 범주적으로 '외톨이'에 어울리는 바로 그런 위험이었다는 사실이다.

예컨대 그가 '군중'이나 '공중'의 공격에 자신을 내맡기는 일 따위가 그것이다. 그러나 그는 자신이 '진리의 증인'이라고 주장하는 일에 있어서 방해가 되는 요소를 하나도 가지고 있지 않았다. 그도 그럴 것이 그는 호구지책을 위하여 일을 할 필요가 없었기 때문이다. 이 특전 하나만으로도 윤리적으로 그를 낮은 계층으로 떨어뜨리기에 충분하였다.

그러나 이런 사실 외에도, 그는 엄밀한 의미에서 진리의 증인이라고 불리기에는 너무나도 풍부한 상상력과 넘칠 정도로 시인적인 기질을 가지고 있었다. 그가 처음부터 자신의 삶의 과정을 내다보고 있었던 것은 전혀 아니다. 따라서 자신이 터득한 것이 옳다는 것을 후에 가서야 비로소 점차적으로 알게 되었던 것이다. 그러므로 그는 레싱이 "단지 운이 좋았을 뿐일 경우에는 슬기로운 척하지를 말자"라고 적절히 표현한 슬기로운 말을 가슴에 간직할 수가 있었고, 또 하느님의 것에 속하는 것을 하느님께 돌려보내는 의무를 기억할 수 있는 기회도 가질 수가 있었던 것이다.

그는 시인으로 존재하기에는 너무나도 많은 윤리적인 것과 관련을 맺고 있었다. 그의 생애에 관한 문제는 『이것이냐 / 저것이냐』의 심미적인 필자가 토한 처음의 말(이 말은 후에도 되풀이되었다), 그 자신은 시인이 되고 싶지 않다는 말,* 역시 같은 책 속의 윤리적인 필자가** 인간은 시인적인 것에서 빠져나와 실존적이고 윤리적인 것 속으로 들어가야만 한다***는 사실을 강조하고 있는 대목을 상기하라. 그러나 그는 여전히 진리의 증인이 되기에는 너무나도 지나치게 시인이다. 그는 이 쌍방의 경계선상에 서서, 범주적으로는 정확한 자세를 취하고서 다가올 역사에 대처하고 있다.

'외톨이'는 정신의 범주고, 정신적인 각성의 범주고, 그리고 생각이 미칠 수 있는 한에 있어서 정치와는 정반대의 것이다. 지상적인 보수와 권력과 명예 등은 이 범주의 올바른 사용과는 아무런 관계도 없다. 왜냐하면 설혹 그것이 기성질서의 이해타산에 사용된다고 하더라도, 내면성은 세상에는 관심이 없기 때문이다. 그리고 그것이 파국적인 국면에서 사용된다고 해도 그것

---

* 『이것이냐 / 저것이냐』의 제1부를 참조하라. '나는 헛되이 그것과 싸우고 있다. 나의 발이 미끄러진다. 그러나 나의 삶은 시인적인 존재가 될 수밖에 없다' 등.

** 『이것이냐 / 저것이냐』의 제2부 및 『결론으로서의 후서』를 참조하라.

*** '시인'으로부터 종교적인 실존에 이르는 이 운동은 본질적으로는 저자로서의 나의 전체 저술활동의 운동이다. 『사랑의 역사』에서 시인이 다시금 그리스도교적이고 종교적인 실존에게는 출발점으로서 취급되고 있음을 참조하라. 나의 일련의 저서 속에서 철학적이고 체계적인 것에서부터 빠져나와 단순한 것, 즉 실존적인 것에 이르는 것으로서 묘사된 운동만 하더라도, 그것은 시인으로부터 종교적인 실존에 이르는 운동과 본질적으로 동일한 운동이다.

은 역시 세상에는 관심이 없다. 왜냐하면 희생으로 제공하고 희생의 제물이 되건 간에(그것은 실상 물질적인 힘이 되려고 애쓰지 않는 한, 희생되는 결과를 초래한다), 이 범주는 세상에는 관심이 없기 때문이다.

'외톨이.' 그것은 결정적으로 그리스도교적인 범주고, 또 그리스도교의 장래에 대해서도 역시 결정적인 것이 될 것이다. 그리스도교계의 원죄原罪라고 할 근본적인 혼란은, 해를 거듭하고, 십 년을 거듭하고, 백 년을 거듭함에 따라서, 자신이 무엇을 원하였는지에 관해서는 거의 의식하지 못하고, 또 자신이 무엇을 하였는지에 관해서는 본질적으로 의식하지 못하고, 그리스도교계가 하느님으로부터 그리스도교의 소유권을 속여서 빼앗는 음흉한 목적을 추구한 데 기인하고, 또 그리스도교계가 인류, 즉 인간이란 동물이 그리스도교를 자신의 힘만으로 발명하였고, 또 거의 창안해 낸 듯이 자신이 머릿속에 다져넣었다는 사실에 기인하고 있다.

민법民法에서 일정한 연한年限 동안 재산이 방치된 채, 신고하는 소유주가 없을 경우에는 그 재산이 국가에 귀속되는 것과 마찬가지로, 그리스도교는 현실적으로 존재하는 어떤 사물에 불과한 것이라는 그릇된 생각에 사로잡힌 인류는 당연히 다음과 같이 생각하게 되었다.

'하느님이 소유주이고, 주인이라고 하는 말을 들은 지도 이제는 꽤나 오래되었다. 그러니 이제 그리스도교는 우리들에게 귀속된 셈이다. 그러므로 우리는, 우리가 우리의 소유물이나 우리의 발명품을 다루듯이, 그리스도교를 마음대로 폐지할 수도 있고, 또 마음에 드는 대로 수정할 수도 있다. 따라서 그리스도교란 우리가 하느님의 위엄 앞에 꿇어 엎드리는 식으로 믿지 않을 수 없는 대상으로 취급할 것이 아니라, 우리가 받아들일 수 있는 것으로 만들기 위하여 이성의 도움을 받아 시대나, 공중이나, 강당에 가득 찬 귀빈 등을 만족시킬 수 있도록 노력해야 하는 대상으로 취급해야 한다.'

학문의 세계에서의 도덕적인 훈련에 대한 모든 반역과 사회생활에 있어서의 복종에 대항하는 모든 반역, 그리고 정치세계에 있어서의 세속적인 지배에 대항하는 모든 반역이, 그리스도교와 관련하여 인류가 하느님께 대항하여 저지른 이 반역과 연결되어 있고, 또 이 반역에서 비롯되었다. 그러나 범주로서의 '인류' 의 남용인 이 반역은 타이탄Titan 족들의 반역과는 그 유를 달리하고 있다. 왜냐하면 이 반역은 반성의 영역에 있어서의 반역이고, 해를 거듭하고 세대에서 세대에 이어지며 교묘하게 수행된 반역이기 때문이다.

반성은 항상 한 번에 조금씩밖에는 취하지 않는다. 그리고 이런 지극히 작은 부분에 관해서 사람들은 항상 "어때, 그런 정도의 작은 분량이라면 괜찮아"라고 말한다. 그러나 반성은 끝내 아무도 눈치채지 못하는 동안에 모든 것을 취해 버린다. 왜냐하면 그것은 야금야금 잠식한 일이고, '그런 정도의 작은 분량이라면 얼마든지 양보할 수가 있기' 때문이다.

그러므로 우리는 그리스도교에 관해서 고유의 그리스도교적인 정열적인 인상을 간직하기 위하여 외톨이가 되어야만 한다. 외톨이는, 하나의 외톨이가 아니라 모든 외톨이는, 둘 중에서 어느 편이 절대적으로, 그리고 먼지 하나까지도 그리스도교에 대해서 소유권을 가지고 있는지를 결정하기 위해서, 하늘에 계신 하느님을 상대로 소송절차를 밟을 수 있도록 신경을 곤두세울 것이 틀림없다.

하느님은 다시금 실제적으로 결정적인 요소가 되어야만 한다. 그러나 이 결정적인 요소로서의 하느님에게 대응하는 존재는 외톨이다. 만일 '인류'가 최고의 심판자가 된다면, 아니다, 설혹 그 다음가는 심판자가 된다고 해도, 그리스도교는 말살되고 만다 – 또 만일 그리스도교의 복음을 최소한 그릇되고 비그리스도교적인 형태로 전한다고 해도 역시 마찬가지다. 가장 능숙한 탐정회사의 가장 믿을 만한 탐정이라 할지라도, 일개의 사립탐정(원하신다면 스파이라고 해도 좋다)인 내가 보고하는 보고서 내용보다 더 믿을만하게 내용을 보고할 수는 없을 것이다.

세계의 발전이 어디까지나 반성을 통하여 현재 있는 그런 상태로 도달한 이상, '외톨이' 라는 이 범주야말로 그리스도교에게는 흥망에 관한 문제다. 이 범주가 없었더라면, 범신론이 절대적으로 승리를 거두었을 것이다.

그러므로 이 외톨이라는 범주를 변증법적으로 보다 고차원적인 긴장으로 몰아가는 방법을 알고 있는 사람이 언젠가는 반드시 출현할 것이다 – 사람들은 이제까지 그런 일에 주의를 환기시키려는 노력을 한 적이 없다.

그러나 '외톨이' 라는 이 범주는 범신론적인 혼란에 대항할 수 있는 확고한 거점이고, 또 그런 거점으로 남을 것이다. 그것은 척도를 바꾸는 추錘이고, 또 추로 남을 것이다. 그러나 이 범주를 찾고 일을 하거나, 작전을 짜려고 하는 사람은 혼란이 커지면 커질수록 그만큼 정비례해서 변증법적이 되어야만 한다. 왜냐하면 그는 이 범주 밑에 포섭할 수 있는 모든 사람을, 어떤 사람이 다른 사람을 위하여 그런 일을 할 수 있는 한에 있어서, 그리스도인으로 만들 책임을 질 수도 있기 때문이다.

좀 더 정확히 말해서 그런 인간이 되려고 하는 그 일에 대하여 증인이 될 수도 있다고 해야 할지도 모르겠다. 외톨이로서의 그는 혼자이고, 전 세계 안에서 혼자이고, 하느님 앞에서 혼자다 - 그래야만 순종하는 일에 문제가 없어진다! 모든 회의懷疑는(말이 났으니 말이지, 회의란 학문적으로 우쭐대며 트집만 잡지 않고 윤리적으로 고찰한다면 단적으로 하느님께 대한 반역이다), 궁극적으로는 시간적인 존재가 지닌 착각 속에 본거지를 가지고 있다. 이 착각은 우리는 모두가 하나의 집단이고, 우리가 곧 인간성 전부라고 하는 착각이다. 그리하여 끝내는 이 착각이 하느님을 깔아뭉개고 자신이 그리스도가 되려고 한다.

범신론이라는 것은 하느님의 소리와 백성의 소리를 혼동시키는 청각적인 착각이고, 하나의 시각적인 착각이고, 시간적인 존재라는 안개가 빚어낸 신기루고, 시간적인 존재로부터 반사되어 빚어진 환상이고, 마치 영원한 것으로 간주되고 있는 망상이다. 그러나 이 범주는 강의를 통하여 설명할 수 있는 성질의 것이 아니다. 그것은 각별한 능력이고, 예술이고, 윤리적인 과업이고, 그리고 그 범주의 실천이 그의 시대에 있어서는 실천하는 자의 생명까지도 걸어야 하는 예술이다. 왜냐하면 하느님께서 최고의 것으로 보시는 것이, 독단적인 인간들이나 혼탁한 마음을 가진 군중들에게는 그것이 '인류' 나 대중 '이나 ' 공중 ' 등등에 대항하는 대역죄로 보이기 때문이다.

'외톨이' 라고 하는 이 범주는 단 한 번 그리고 최초로 소크라테스에 의해서 이교 세계를 해체시키기 위해서 결정적인 변증법적 힘으로 사용된 적이 있었다.* 그리스도교계에 있어서는 반대로 이 범주가 두 번째로 그리스도인이라고 하는 사람들을 그리스도인으로 만드는 데 이바지하게 될 것이다.

그것은 처음으로 이방인에게 그리스도교를 전하는 선교사가 사용하는 범주가 아니다. 그것은 다름 아닌 그리스도교계에다 그리스도교를 소개할 목적으로 그리스도교계 그 자체 안에서 선교사들이 사용해야 할 범주다.

그가, 즉 '그 선교사' 가 올 때, 그는 이 범주를 사용할 것이다. 왜냐하면 만일 이 시대가 어떤 영웅을 기다리고 있다면, 기다려도 헛수고일 것이다. 머지않아 한 사람이 나타나서 연약하나 경건하게 사람들에게 복종을 가르칠 것이다. 그 사실 때문에 사람들은 무엄하게도 하느님께 복종하였던 그 사람을 반역죄로 몰아 사형에 처할 것이다.

---

* 플라톤의 『고르기아스』 참조. 예컨대 '나는 내가 하는 말에 대하여 증인으로 한 사람을 세울 수가 있다. 나와 대화를 나누고 있는 바로 그 사람이다. 반면에 군중은 내게 필요가 없다.'

그는 그동안 이 범주를 사용하였지만, 그는 이 범주를 무한히 큰 규모의 척도로 사용했고…… 그것도 '권능을 가지고' 사용하였다! 그러나 이제 이 이야기는 그만하련다. 나로서는 보시다시피 무한히 밑바닥에 속하는 과업, 즉 최소한도로 이 범주에 대하여 주의를 환기시키는 과업에 몰두한 것에 대하여 섭리에게 감사를 드릴 뿐이다.

후기

여기에 언급한 내용은 과거에 관한, 이미 지나가 버린 때에 관한 내용들이다. 이 사실을 과거형으로 쓴 것만 보아도 독자는 잘 아실 줄 믿는다. 그리고 그 범주는 '주의를 환기시키기 위해서'였을 뿐이다. 이 사실은 오해를 방지하는 데 만전을 기하기 위하여 마지막까지 되풀이해 둔다.

1849년

'두 개의 비망록'에 대한 후기

이상의 두 논문을 다시 읽고 나서 나는 이제 다음과 같은 내용을 첨가해 두고자 한다.

최고의 예를 든다면, 진리 자체이신 예수 그리스도께서도 제자를 두셨고, 인간적인 예를 든다면, 소크라테스도 제자를 둔 것은 숨길 수 없는 사실이다. 그런즉 어떤 의미에서는 내가 외톨이의 이상적인 모습을 그들이 그랬던 것보다는 한층 높은 차원에까지 밀어 올리려는 듯이 보일지도 모른다. 그랬다면 나는 어떻게 생각하고 그러는 것일까?

부분적으로는 그 외톨이가 내게 있어서는 아직 불완전하다고 생각되기 때문이고, 또 부분적으로는 그것이 나의 과제의 특수성과 연결되어 있다고 생각하기 때문이다. 나는 그것을 나의 불완전성 때문이라고 생각한다. 왜냐하면 저자로서의 나의 활동 전체는, 앞서도 누차 언급한 바와 같이 동시에 나 자신의 교육이고, 그런 교육과정에서 나는 나의 이념과 나의 과업에 관해서 더욱더 깊이 반성하는 일을 배웠기 때문이다. 그러나 나의 사정이 위에서 언급한 바와 같았던 한에 있어서, 설혹 내가 원했다고 하더라도, 나는 아직도 외톨이를 내게 더 가까이 끌어올 수 있을 만큼 충분히 원숙해 있지 않았다.

다음으로는 나의 과업의 특수성과 관련되어 있다고 생각한다. 왜냐하면 나의 과업은 현재 그릇되게 보급된 선전을 반박하는 데 있기 때문이다 – 그러므로 나의 과업은 내게 유리한 것을 선전하려는 것이 아니라, 오히려 이를테면 연기煙氣를 끄는 일이다. 그러나 그런 경우에 있어서도 연기를 끄는 일이 오히려 그릇된 선전을 하는 결과가 되지 않도록 외톨이와 친밀한 관계를 형성하는 일에 각별히 유의하여 감시를 게을리 하지 않는 것이 필요하다. 이름뿐인 그리스도인을 대량으로 만들어내거나, 착각 속에서 헤매는 수백만 명의 사람들에게 그들이 그리스도인임을 확인해 주는 일에 도움을 주는 일이 나의 과업이 아니고, 또 그리스도교계에 있어서는 절대로 그런 일이 과업이 될 수도 없다.

그렇다. 과업은 바로 그런 불한당 같은 속임수를 백일하에 드러내는 일이다. 이 속임수는 그리스도교적인 열성 내지는 열심이란 미명 아래서, 교회의 고위층이나, 목사님들이나, 미지근한 사람들의 이익을 도모할 셈으로 수백만 명을 동원하였다 – 이 무슨 음흉한 짓이란 말인가! 요점은 이런 불한당 같은 속임수를 철저하게 백일하에 폭로하고, '그리스도교계에 있어서'의 그리스도교적인 열성이나 열심은 바로 수많은 그리스도인들로부터 그리스도교를 몰아내는 배은망덕한 짓을 의미한다는 것을 밝히는 데 있다 – 여기서 세속적인 활동의 특징이 이윤추구에 있듯이 그리스도교적인 활동의 특징이 이런 배은망덕한 행동에 있다는 사실을 우리는 알 수 있다.

마지막으로 한 마디만 더 부언해 두고자 한다.

그리스도께서도 제자를 두셨고, 또 인간적인 예를 든다면 소크라테스도 제자를 둔 것은 숨길 수 없는 일이다. 그러나 윤리적으로 그리고 윤리적 · 종교적으로는 군중은 곧 비진리고, 군중이나 수효를 수단으로 사용하여 일하려고 한다거나, 수효를 진리가 무엇인지를 결정하는 기준으로 삼으려고 하는 것은 곧 비진리라고 단정하는 나의 명제를 거짓으로 만들게 되는 그런 의미에서는 그리스도께서나 소크라테스나 제자를 두지 않았다.

1855년 3월

역자 후기

1848년 봄부터 늦가을에 걸쳐서 쓴 것으로 추정되는 이 책은, 결국 그의 생존 시에는 출판되지 못하고, 그가 죽은 후인 1859년에 그의 형인 페터가 「역사에 대한 보고」라는 부제를 붙여서 출판하였다. 말하자면, 이 책은 키에르케고어가 후세에 남긴 그의 유서라고도 할 수 있다.

키에르케고어와 같이 복잡하고 다양한 저술을 남긴 사상가의 정체는, 그가 생전에 남긴 개개의 저술만을 통해서는 파악하기가 어렵다. 시인이고, 문학평론가이고, 철학자이고, 종교사상가이고, 동시에 경건한 설교자였던 키에르케고어와 같은 사상가의 참모습을 과연 우리는 어디서부터 그 실마리를 풀어가며 윤곽을 그려서 그의 깊은 사상의 핵심을 파악할 수 있을 것인가? 너무나도 찬란하고 매혹적인가 하면, 너무나도 진지하고 엄숙하고, 그런가하면 너무나도 풍자적이고, 유머러스하고, 또 지나치게 정열적이고, 진리를 선포하는 과정에는 목숨마저도 내걸고 참과 거짓을, 다시 말해서 진리와 비진리를 추호의 용서도 없이 단언적으로 선포하는 그의 정체는 무엇이며, 또 무엇을 겨냥하고 있는 것일까? 그의 전체 저술활동에서 찾아볼 수 있는 그의 변증법적인 요술은 과연 무엇을 위하여 이바지하고 있는 것일까?

이 책에서 키에르케고어는 자신의 배후에서 그의 모든 저술활동을 지탱하고 있었던 것이 무엇이었던가를 밝히고 있다. 그는 이 책에서, 어떻게 해서 그는 자기가 지금의 자기가 되었는가를 자신의 입으로 말하고 있다. 그는 이 책에서 자신의 성장에 깊은 영향을 끼친 자신의 아버지와의 관계와, 어쩌면 헤아릴 수 없는 나락의 구렁텅이로 빠져들었을지도 몰랐을 청년시대의 위기와, 암시적으로 언급되어 있기는 하지만, 레기네와의 만남과 헤어짐, 그리고 콜사르 사건 등을 회고하며 자신의 인간형성을 피력하고 있다. 그는 초기의 심미적인 일련의 저술을(물론 그것은 레기네와의 사건에서 비롯된 것이라고 해야겠지만), 그의 말을 빌린다면 '어쩔 수 없는 배설' 이라고 말하고 있다.

일생을 두고 어떻게 모든 사람이 그리스도인으로 자타가 공인하는 그리스도교에다 다시금 진정한 그리스도교를 확립하느냐, 다시 말해서 어떻게 사람은 그리스도인이 되는가 하는 것에 대하여 목숨을 걸고 싸운 그도, 처음 심미적인 저술활동을 시작한 시기에서부터 그런 분명한 목적의식을 가지고 시작한 것이 아니었다고 말하고 있다. 『관점』을 쓴 시점에서 그는 그의 초기의 심미적인 여러 저술이 비록 그의 체험에서 우러나온 어쩔 수 없는 제작의욕에서 비롯된 것이기는 하지만, 모두 하느님의 섭리에 의한 것이었다고 서슴없이 말하고 있다.

1848년이라는 해는, 키에르케고어에게는 기억에 남을 뜻 깊은 해였다. 우선 그의 조국인 덴마크가 프러시아와 분쟁을 일으켜서 슐레스비히와 홀슈타인을 잃었고, 프랑스 혁명의 여파를 받아 절대군주제가 입헌군주제로 바뀌었고, 또 이 무렵에는 그가 아버지에게 물려받은 유산도 거의 바닥이 났고, 더하여 그의 건강마저도 매우 악화되었다. 따라서 이 무렵 그는 자신의 여생이 길지 않다고 느꼈다. 그래서 그는 자신이 걸어온 길, 다시 말해서 가명으로 써서 출판한 많은 책과, 그가 실명을 써서 출판한 많은 강화집, 이런 것들을 세상은 어떻게 이해할 것인가 하는 문제에 신경을 썼다. 그래서 앞서도 언급한 바와 같이, 이 책은 말하자면 키에르케고어가 다가오는 죽음의 그림자를 예감하며 쓴 유언이라고 해도 무방할 것이다.

이 해가 키에르케고어 개인적으로나 국가적으로 어려운 시기였지만, 그는 이 해에도 『죽음에 이르는 병』을 비롯하여 『그리스도교의 훈련』의 태반과 「위기 및 한 여배우의 생애에 있어서의 하나의 위기」를 썼다. 1848년이란 시점에서 볼 때, 그의 저술활동 전체는 두 갈래로 나뉜다. 거기에는 본질적으로 서로 다른 흐름이 존재하는 것을 우리는 알 수 있다. 하나는 심미적인 저술에 속하는 일련의 저술들이고, 다른 하나는 종교적인 저술에 속하는 것들이다. 그래서 키에르케고어는 어째서 이런 두 개의 흐름의 저술활동을 하게 되었는가 하는 연유, 즉 이런 이중적인 저술활동의 의미를 밝히고, 더불어 어째서 본래는 종교적인 저술가인 자기가 그런 심미적인 저술을 썼는가를 밝히고 있다. 아울러 그는 저술가로서의 자기가 얼마나 많은 하느님의 은총을 받았는가도 거리낌 없이 밝히고 있다.

이 책에서 흔히 키에르케고어의 저술활동의 비밀이라고 언급되어 있는, '직접적인 전달' 과 '간접적인 전달' 의 의미도 아울러 스스로 밝히고 있다. 그러나 역자는 여기서 그 경위를 구구하게 언급하지 않겠다.

이 책은 그의 유서인 동시에, 그의 자서전이고, 그의 하느님에 대한 감사의 고백록이다. 이 책의 부록으로 수록된 '저 외톨이' 라는 이름이 붙은 두 개의 비망록은, 1846년에서 1847년 사이에 쓴 것으로서, 키에르케고어는 자신이 동시대와 동시대인들에 대하여 어떤 자세로 살고 있는가를 밝혀 주고 있다. 레기네 사건과 더불어 키에르케고어에게 결정적인 영향을 끼친 콜사르 사건을 통하여, 그는 대중 내지는 군중이란 것이, 그리고 신문이라는 것이 어떤 것인지를 뼈저리게 느꼈다. 그는 대중 내지는 군중을 무성격적인 존재로 규정하고 있다. 그래서 이에 맞서는 '외톨이' 내지는 '단독자'의 개념을 자신의 것으로서 심화시켰다. 본래 이 말은 레기네를 두고 그가 사용한 말이었지만, 콜사르 사건을 계기로 결정적으로 그의 중심적인 사상을 표현하는 개념으로 변하였다. 하느님과의 관계에 있어서는 대중이란 존재하지 않는다. 하느님 앞에서는 외톨이가 존재할 뿐이다. 만약 그리스도교에서 이 외톨이라는 개념을 말살해 버리면 그리스도교는 존재하지 않는다고 말하고 있다 – 왜냐하면, 이 외톨이란 개념이 말살되면, 그때는 인간은 하나의 추상적인 존재가 되고, 하느님과 인격적인 만남이나 관계를 할 수가 없는 제3자로 전락해 버리기 때문이다.

각설하고, 이 책은 키에르케고어의 처절하였던 일생을 키에르케고어 자신의 입을 통하여 토로한 귀중한 저술이다. 그러니만큼 우리는 이 책을 통하여 키에르케고어의 참모습을 음미할 수 있고, 그래서 그의 저술의 알맹이를 더 깊이 이해할 수 있을 것이다.

끝으로, 이 책이 출판되기까지 많은 도움을 주시고, 수고를 아끼지 않으신 모든 분들에게 감사를 드린다.

임춘갑

■ 부 록

키에르케고어의 생애에 대한 짧은 이야기

임춘갑 지음

쇠얀 키에르케고어는 1813년 덴마크의 코펜하겐에서 출생했다. 덴마크는 만류灣流의 영향을 받기 때문에 겨울을 제외하면 온화하고 습도도 적당하므로, 그다지 살기 어려운 땅은 아니었다. 키에르케고어는 코펜하겐에서 태어나 일생 동안을 코펜하겐에서 살았다. 코펜하겐은 중세 이래의 역사를 가진 도시로, 옛날부터 무역항으로 번영했으며 소위 '북유럽의 파리' 라고까지 불리는 곳이다.

키에르케고어는 아버지가 쉰일곱 살, 어머니가 마흔다섯 살일 때 출생했으니 이른바 늦둥이라고 할 수 있다. 형제는 남자 넷에 여자 셋으로 모두 일곱이었고, 키에르케고어는 그중에서도 막내아들로 태어났다. 일곱 명이 모두 후처 소생으로, 전처는 자식이 없이 죽었다. 그런데 이 일곱 남매의 어머니는 본래 키에르케고어의 아버지 집에 가정부로 있던 사람으로, 결혼한 지 다섯 달 만에 아이를 낳았다. 이런 사실은 워낙 양심적이었던 키에르케고어의 아버지가 일생을 두고 괴로워한 고뇌 중 하나였다.

맏형 페터는 후에 목사가 되었고, 둘째 형은 상인이 되었지만 젊어서 미국에서 객사하고 말았다. 또 하나의 형은 어린 시절에 학교에서 장난을 치다가 머리를 다치는 바람에 죽고 말았다. 누나 둘은 자라서 결혼을 했지만, 나머지 하나는 어려서 죽었다. 아버지가 여든두 살에 돌아가셨을 때, 남은 형제라고는 페터와 쇠얀뿐이었다.

키에르케고어는 어머니에 대해서는 아무런 언급을 하고 있지 않다. 그러나 회프딩은 '키에르케고어의 어머니는 단순하고 명랑한 부인이었다. 쇠얀은 모친으로부터 쾌활한 성격을 물려받았으나 아버지로부터 물려받은 음울함과 서로 조화를 이루지는 못했다' 고 말하고 있다.

쇠얀이 부친인 미카엘 페더센 키에르케고어로부터 받은 영향은 컸다. 이에 관해서는 '아마 아무리 크게 평가해도 지나치는 일은 없을 것이다' 라고 가이스마르는 말하고 있다. 아버지는 본래 유틀란트 반도 서해안에 있는 쓸쓸한 곳에서 가축을 치고 있던 가난한 목동이었다. 키에르케고어의 유고에 늘 인용되는 유명한 글이 있다.

'일찍이 어린 시절에 유틀란트의 거친 들판에서 양을 지키며 고생을 하다가 굶주리고 얼어서 떨며 산마루에 올라 하느님을 저주한 어떤 사내의 무서운 운명 – 이 사내는 여든두 살이 되어서도 이 사실을 잊을 수가 없었다.'

그 후 미카엘은 코펜하겐에 와서 상당한 부富를 쌓았다. 아버지 미카엘의 인격과 성격에 관해서는 여러 가지 설이 있지만, 상재商材가 있어서 부를 쌓은 것 같지는 않다. 일설에 의하면 돌발적인 정세의 변동(1813년에 발포된 정령) 때문에 이루어진 것이라고도 한다.

여하튼 미카엘의 성격 자체가 키에르케고어의 성격과 생애에 미친 영향은 자못 컸다. 미카엘은 근엄하고 음울한 성격의 소유자였다. 쇠얀과 마찬가지로 우수憂愁는 미카엘에게도 하루하루의 십자가였다.

크고 거친 집안은 조용하고, 어떻게 보면 쓸쓸하여 소란한 일이나 부산스러운 일은 털끝만치도 없었다. '옛날 풍' 의 분위기가 집안 전체를 지배하고 있었다. 아이들의 가정교육은 엄격했다. 복종이 최고의 덕으로 아이들에게 요구되어 있었다. 식탁에서도 아이들이 먹어야 할 것과 먹어서는 안 될 것이 엄격하게 구분되어 있었다.

딸들은 교육을 많이 시킬 필요가 없다는 것이 아버지의 주장이었다. 딸들이란 집안의 일을 도와주고 장성해서는 결혼하면 그뿐이라는 것이었다. 아버지는 아이들을 교육하는 일 외에는 대개 집안에서 책을 읽으며, 주로 볼프의 철학을 연구했다.

아버지는 쇠얀에게 '광기에 가까운 교육'(키에르케고어 자신의 표현)을 베풀었다. 그런 이유로 '나는 어린 시절이 없었다'고 쇠얀은 한탄하곤 했다.

쇠얀은 다른 애들과 어울려서 놀지 않았다. 성격이 음울했던 아버지는 나약했던 쇠얀에게 엄격한 그리스도교적인 교육을 행했다. 아버지는 자식을 바라보며 '예수님을 열렬하게 신앙하는 아이가 돼라'고 가르쳤다.

그러나 아버지는 그리스도교에 대한 것 이외에도 여러 가지 이야기를 들려주었다. 그것이 쇠얀의 유일한 즐거움이었다. 쇠얀은 아버지의 그 이야기를 듣고 온갖 공상을 다 한 나머지, 이윽고는 나약한 육체가 지칠 정도였다. 학교에 들어가서도 친구들이란 극히 드물었고 남들에게 놀림을 받기가 고작이었다. 그러나 그는 후에 그의 저서에 나타나는 바와 같이, 기지와 매서운 조소로 이에 응수했다.

그는 아버지로부터는 고독과 우수憂愁를 물려받았지만, 한편으로는 어머니로부터 명랑한 사교성도 물려받은 듯하다. 물론 전자가 그의 성격의 본질적인 면을 이루고 있었다는 것은 그 자신도 인정하고 있다.

> '나는 이전에 길거리에서 본 어떤 소년을 기억하고 있다. …… 그는 지팡이를 짚고 있었다. 그러나 그 지팡이를 사용하여 가장 건강한 소년들이 하듯이 걸어도 가고, 달리기도 하고, 또 뛰기까지 할 수 있었다. …… 나는 원할 때면 언제라도 나의 우수를 벗어버릴 수가 있었다. 좀 더 적절하게 말한다면, 언제나 가면을 들고 다니다가 그것을 쓸 수가 있었다. 왜냐하면 우수는 내가 홀로 되기까지 기다려 줄 수가 있었기 때문이다.'
>
> –『인생길의 여러 단계』 중에서

키에르케고어의 어린 시절에 일어난 사건 중에서 중요한 것은, 그가 시골에 놀러갔다가 나무에서 떨어져 등을 다친 일일 것이다. 마흔세 살 때 키에르케고어는 목회 및 사회와의 논쟁에 지친 나머지 길에 쓰러져 한 달 후에 세상을 떠났다. 그 사인은 척수병脊髓病이었다. 그의 어린 시절의 그 사건이 그의 건강상태에 커다란 영향을 끼쳤던 것이었다.

1830년, 그러니까 그가 열여덟 살 되던 해에 그는 코펜하겐대학 신학과에 들어갔다. 아버지의 희망도 있었고, 그 당시 베를린과 괴팅헨에서 신학연구를 하고 있던 형, 페터의 영향도 있었을 것이다.

이때부터 권위에 반항하고, 평범하고 단조로운 가정생활에 불만을 느끼고, 자유와 화려함을 동정하는 그의 청춘시대가 시작되었다. 키에르케고어는 음울하고 고독한 성격의 인간이었지만 그에게도 그의 청춘시대가 있었던 것이다. 그러나 그는 비록 신학과에 다니고 있었지만 신학보다는 철학과 미학에 흥미를 느끼고 있었다.

당시의 덴마크는 철학 상으로는 헤겔, 셸링, 슐라이어마허 그리고 미학의 분야에서는 슐레겔, 티크 등의 낭만파의 영향 밑에 있었다. 또한 이 양 분야에서의 대변자를 가지고 있었다.

헤겔 학자인 요한 하이베르크 외에, 애초에는 헤겔에서 시작하여 후에 신비주의로 기울어진 마이스터 에크하르트, 야곱 뵈메, 그리고 당시에 있어서는 프란츠 바아더를 존경한 한스 마르텐센이 그 대표자들이었다. 키에르케고어에게 가장 큰 영향을 끼친 사람은 시인이자 철학자였던 파울 묄러였다.

키에르케고어는 심미주의자들과도 사귀었고, 어린 시절부터 골수에 사무친 '죄와 참회'의 종교에 대하여 혐오감을 느꼈다. 이 시절의 일기에 '그리스도교는 광기의 종교다'라는 구절이 있는 것으로 미루어 알 수 있다. 따라서 아버지와의 관계가 어색하게 되어 키에르케고어는 집을 나와 하숙생활을 했다. 또 카페나 요정에도 출입하여 약간의 빚도 지게 되었다.

키에르케고어는 후에 '나는 방탕한 시절을 보낸 적이 있다'고 스스로 말하고 있다. 이 방탕이 심적인 것이었는지, 혹은 실생활적인 것이었는지는 연구자들 사이에도 이견이 있다. 그러나 그런 이견이라는 것도 키에르케고어의 본질을 이해하는 데는 그리 대수로운 문제는 아닌 것으로 보인다. 또 일시적이나마 표면적으로는 그리스도교에서 떠났지만, 그래도 역시 여전히 죄의식을 지니고 있었다는 사실은 청년시절의 그의 마음속을 차지하고 있던 가장 큰 테마가 영靈과 육肉, 시간과 영원의 이원문제를 취급한 『파우스트』, 『돈 쥬앙』 및 『영원한 유태인』 등 세 가지였다는 사실로 미루어 보아도 분명하다.

소위 키에르케고어의 '파멸의 시대'는 대체적으로 1836년 여름의 자살미수사건이 절정인 것 같고, 그해 말에 가서 키에르케고어의 심적 상태는 점차 회복되어 안정기에 들어갔던 것 같다. 아버지와도 화해를 하여, 아버지는 쇠얀의 빚을 갚아주고, 쇠얀은 집으로 다시 돌아갔다.

키에르케고어가 방탕한 생활을 하게 된 중대한 사건이 일어났던 것은 1835년경의 일로서 그 사건은 키에르케고어가 아버지의 비밀을 알게 된 것이었다. 키에르케고어는 그 삼 년 후의 일기에 당시를 회고하며 '커다란 지진'이라고 표현했다.

'그때 엄청난 지진이, 무서운 변동이 일어났다. 그것은 나에게 전 현상全現象의 새로운 해석을 강요했다. 나는 아버지의 장수가 하느님의 축복이 아니고 오히려 저주라는 것을 알았다. 또 나는 우리 가족들의 뛰어난 정신적 재능이 단지 서로 괴롭히기 위해서만 존재하고 있다는 것을 예감했다. 나는 아버지에게서 우리들 모두보다도 더 오래 생존해야 할 운명을 걸머진 하나의 불행한 인간을 보았을 때, 나의 주위에 죽음의 침묵이 짙어가는 것을 느꼈다. 아버지는 그의 모든 희망을 묻은 무덤 위의 비석이 되어야만 한다! 하나의 죄가 모든 가족의 머리 위를 뒤덮고 있음이 틀림없다. 하느님의 형벌이 그 위에 있음이 틀림없다. 모든 가족은 '실패한 시도'로서, 하느님의 힘찬 손으로 취소를 받아야 한다! 나는 단지 가끔 아버지는 종교의 위로로써 우리들을 안정시킬 의무를 하늘로부터 부여받고 있다고 생각함으로써 약간의 위로를 받았다. 그것은 비록 우리들 모두가 이 세상에서 멸망한다고 하더라도, 또 비록 유태인이 그들의 적에게 바라는 형벌 – 즉, 우리들에 관한 기억이 깡그리 이 세상에서 지워져 없어지고, 사람들이 다시 우리들을 찾아볼 수 없게 될 형벌 – 이 우리들에게 주어지는 한이 있더라도 보다 나은 세계가 아직은 우리들 앞에 열려 있다는 것을 알려서 깨닫게 하여주기 위한 의무다.'

이보다 앞서 1832년에서 3년간에 걸쳐서 어머니 안나 및 그 밖의 형제들이 차례차례 죽고, 남은 사람이라곤 늙은 아버지와 맏형 페터, 그리고 쇠얀 셋뿐이었다. 그 결과로 늙은 부친이 쇠얀에게 고백을 했는지, 혹은 아버지가 숨기고 있던 것을 어떤 기회에 쇠얀이 알았는지 그 사정은 분명치가 않지만 키에르케고어가 도덕적으로 가장 '파멸의 길' 을 달린 것은 1835년에서 1836년에 걸친 일이었던 것 같다.

'그리스도교는 광기다' 라는 일기의 구절을 찾아볼 수 있는 것도 1835년의 일기 속에서다. 아버지의 비밀을 알았기 때문에 쇠얀이 자포자기하여 방탕한 길을 달리게 되었다고도 추측은 되지만 분명치가 않다.

그렇다면 아버지의 비밀이란 과연 무엇이었던가? 실상은 이것도 분명하지는 않다. 보통은 처음에 인용한 열두 살 난 소년이 하느님을 저주한 사실을 두고 말한 것이라고들 추측하고 있다. 물론 종교적 감수성이 남달리 예민한 쇠얀이었던 만큼 그렇게도 생각할 수 있을 것이다. 그러나 비록 하느님을 저주하는 그 사실 자체가 제아무리 무서운 것일지라도, 철없는 열두 살 난 소년시절의 일이 아닌가? 그것이 그렇게까지 마음을 괴롭혔을까?

이 당시의 키에르케고어의 기분을 가장 잘 표현하고 있는 것은 『죄가 있는가, 없는가』 중의 「솔로몬의 꿈」이다. 이 글이 그 비밀이 무엇이었던가를 풀어주는 좋은 재료가 될 것이다. 그러나 여기에서는 이야기가 너무 장황해질 것 같아서 생략하기로 한다. 요는 솔로몬이 아버지 다윗의 비밀을 안 순간에 그의 모든 성격이 결정되었다는 내용이다.

1838년 아버지는 여든두 살에 세상을 떠났다. 키에르케고어는 약간의 유산을 상속받았다. 그것을 매부에게 맡겨 두고 조금씩 찾아다가 생계에 충당했다. 1855년 가을, 키에르케고어는 최후의 돈을 찾았으며, 바로 그해 가을에 죽었다.

아버지가 죽은 그해에 그의 처녀작이 세상에 나왔다. 『아직

생존하고 있는 사람의 초고에서. 그의 의지에 반하여 출판되다』라는 제목으로, 내용은 한스 안델센의 비판, 특히 '홀로 한 사람뿐인 호궁수胡弓手'의 비판이었다. 안델센에 반대하여, 천재는 비관만 하고 있을 것이 아니라 뇌우雷雨와도 같이 폭풍우를 거슬러 나아가야 한다고 주장했다.

또 그는 죽은 아버지의 희망에 따라서 신학과의 시험을 보기로 작정하는 한편, 학사논문을 준비했다. 처음에는 『파우스트』, 『돈 쥬앙』, 『영원한 유태인』 등 중세의 전설을 취급한 방대한 것을 계획했으나 지나치게 방대하다는 친구들의 충고를 듣고 예정을 바꾸어 일찍이 낭만주의와 더불어 그의 연구의 대상이었던 그리스 철학, 그중에서도 소크라테스를 재료로 삼았다.

1841년 「아이러니의 개념에 관해서 - 소크라테스를 염두에 두고」라는 논문이 교수회의 심의를 통과했다. 이 논문은 후에 키에르케고어의 사상을 발전시킨 많은 요소를 내포하고 있다. 이 논문에서 그는 인격의 내적 무한성과 일찍부터 그의 무기였던 아이러니反語에 관한 그의 사상을 진술하고 있다. 그 아이러니는 유한자有限者를 무한자無限者와 대립시킴으로써 그 공허성을 밝힌 소크라테스적인 아이러니였다.

논문을 쓰고 있는 한편으로, 키에르케고어는 레기네 올센이란 여성과 연애를 하고 있었다. 키에르케고어가 레기네를 처음 알게 된 것은 아직 부친이 생존하고 있을 때였다. 그때 키에르케고어의 나의 스물다섯, 레기네의 나이 열여섯이었다. 유럽의 역사로 따지면 나폴레옹이 죽은 지 10여 년이 지난 무렵이었다. 레기네의 아버지는 덴마크 왕국의 재무부 소속 관리로, 그녀는 그의 막내딸이었다.

소금과 같은 북해의 안개가 아직 죄다 걷히지도 않은 4월의 어느 날 오후, 키에르케고어는 어떤 처녀가 마차에서 내리려는 찰나 그 곁을 지나갔다. 그 순간 그는 그 처녀에게 사로잡히고 말았다. 그러나 이름도 성도 모르는 처녀의 정체를 알 수가 없었다. 한 달이 지났고 북유럽의 5월은 남쪽의 봄보다 훨씬 아름다웠다. 키에르케고어는 다시 그 처녀의 모습을 볼 수 있었다.

키에르케고어가 레기네를 처음 소개받은 것은 목사의 미망인 뢰르담 부인의 집에서였다. 레기네는 그 집의 딸들과 친구였던 것이다. 마침 그 미망인의 집에 들렀던 키에르케고어는 레기네를 소개받고 처음으로 인사를 나누었다.

그 후 몇 해 동안 키에르케고어는 레기네를 만나지 않았다. 그렇다고 그녀를 잊고 있었던 것은 아니었다. 1840년 여름, 시험이 일단락을 맺자 키에르케고어는 다짜고짜 올센의 집을 방문했다. 레기네를 만나지 않고 있는 동안에 그녀에게는 슐레겔이란 남자친구가 생겼다. 슐레겔은 키에르케고어와도 친구였다. 당돌한 방문도 실은 슐레겔의 소개를 통한 것이었다.

철학이라든가 예술에 관한 키에르케고어의 날카로운 언급이 레기네를 즐겁게 했다. 이 방문의 결과로 그는 책을 빌려주겠다는 약속을 했다. 이것이 마음을 통하게 한 실마리가 되게 했다. 곧 키에르케고어는 적극적으로 접근하기 시작했다. 그리하여 그는 올센가家에 항시 출입하는 사람들 중의 하나가 되었다. 그러나 그의 태도에는 언제나 키에르케고어만의 독특한 그 무엇이 있었다. 이야기를 해도 그는 레기네를 상대로 해서 하지 않았다. 레기네의 존재에는 전혀 관심도 없다는 태도를 취했다. 그러나 밤이 되면 레기네의 집 주위를 배회했다.

그러는 동안 레기네는 슐레겔에게서 멀어졌다. 자기의 존재를 무시하는 듯한 키에르케고어에게 자기도 모르는 사이에 마음이 쏠렸던 것이다. 처녀에게는 이러한 마음의 움직임이 하나의 수수께끼였다. 그 어떤 공포심 같은 것을 느끼기까지 했다. 그러나 남성을 공포감에 가까운 심정으로 맞이하는 처녀는 이미 그 남성에게 사로잡힌 것이다. 레기네는 이러한 키에르케고어의 냉정한 태도에서 타는 듯한 열정의 방사를 받고 있었다.

키에르케고어는 레기네가 자기와 슐레겔의 사이를 고백했을 때도, 조금도 태도에 변화를 보이지 않았다. 그러나 레기네를 즐겁게 하는 것이 키에르케고어 자신에게도 기쁨이 되는 것을 안 그는 이제 자기도 결혼을 결정할 필요가 있다고 생각하게 되었다.

앞서도 말한 바와 같이 20대의 키에르케고어의 마음을 점령하고 있던 것은 우수憂愁 바로 그것이었다. 그러나 레기네를 사랑하기 시작하자, 사랑의 정념情念이 일시적이나마 이 우수를 극복한 것 같았다. 1840년 9월, 드디어 키에르케고어는 자기의 결심을 고백했다. 레기네는 돌같이 굳은 표정으로 그의 말을 듣기만 하고 한 마디 대꾸도 하지 않았다.

'우수의 안개도 이 찬란한 현실 앞에서는 순식간에 사라진다' 고 그는 그날의 일을 그의 일기에 기록하고 있다. 이리하여 그는 레기네와 약혼했다. 그러나 결국 결실을 맺지 못했다. 1841년 10월에 키에르케고어는 레기네와의 약혼을 파기하게 되었다.

레기네와의 관계를 조금 더 적어 보기로 하자. 최대의 불행은 항상 최대의 행복의 순간을 노리고 스며든다. 레기네와의 사랑에 도취되어 있는 동안, 그는 문득 타고난 우수憂愁가 소리도 없이 다가오는 것을 느꼈다. 찬란했던 사랑의 장막이 순식간에 암갈색으로 변하는 것 같았다. 그 어떤 무서운 폭풍우가 닥쳐올 것만 같았다. 그것에 대해 키에르케고어는 '나는 폭풍우가 닥쳐올 때의 삼림과도 같은 불안의 엄습을 받았다' 고 말하고 있다.

어떤 학자는 이 검은 그림자의 정체를 우수의 밑바닥에서 솟

아나온 그의 '종교성' 이라고 한다. '영원을 그리는 마음' 이 그의 가슴에 병균처럼 깃들어 있었다고 한다. 하여간 그는 사랑을 하는 마음속에 안주할 수만은 없어지고 말았다. 사랑하는 사람이 아름다워질수록 그는 불행해졌다. 아름답게 만드는 것은 그였다. 그러나 그의 본심은 암흑을 향하고 있었다. 이 무슨 운명의 장난이란 말인가!

이즈음 그는 레기네에게 줄곧 종교에 관한 이야기를 들려주었다. 레기네는 그의 곁에 앉아 있었으나 거의 침묵을 지키고 있었다. 한편 키에르케고어는 무시무시한 – 레기네가 들으면 마음이 얼어붙을 – 말을 그의 일기에 기록하고 있다. '나는 종교적인 것만 가지고 있으면 레기네 없이도 살 수 있었고, 또 지금도 살 자신이 있다' 라고.

그러나 사랑을 하고 있는 처녀에게 종교가 무슨 소용이 있을까! 처녀의 유일한 소원은 사랑하는 사람과 한몸이 되는 것 밖에는 아무것도 없다. 연애에는 신이 필요하지 않다. 필요한 것은 타오르는 애정의 불길뿐이다. 그러나 키에르케고어의 눈은 레기네의 머리 너머로 '영원' 을 응시하고 있었다. 그것을 보지 못하는 레기네에게는 그의 불안한 표정마저도 사랑의 동작으로 보였다. 이것이 키에르케고어의 유일하고 최대의 고통거리가 되었다.

애인을 종교로 끌어올릴 힘이 과연 자기에게 있는 것일까를 생각하고, 또 한편 자기의 무력을 깨달은 그는 절망했다. 우수憂愁는 때를 만났다는 듯이 절망을 배가하여 그를 짓눌렀다. 키에르케고어는 만약 이 일에 대하여 자기가 속수무책으로 아무런 능력도 없다고 한다면, 자기를 위해서는 물론이거니와 레기네의 행복을 위해서도 약혼을 파기하지 않을 수 없다고 생각했다. 그러나 애인의 행복을 위해서라고는 하지만 도대체 그것이 무슨 뜻이란 말인가? 종교로 끌어올리지 못하여 고민하는 키에르케고어의 모습도 레기네에게는 무력의 탓으로는 생각되지 않았다.

한편 그의 마음은 여전히 레기네를 사랑하고 있었다. 절망을 뚫고 레기네를 끌어올리느냐, 절망에 굴하여 레기네에게서 손을 떼느냐 - 그는 완전히 지치고 말았다. 그는 가끔 일부러 싸늘한 태도를 보였다. 불안에 길들이기 위한 고약한 기교라고 한다면, 어떤 여성이 이런 짓을 미워하지 않을 것인가!

그러나 레기네는 점점 그의 야릇한 우수를 이해하기 시작했다. 그러나 사랑을 하고 있는 처녀는 일체를 사랑의 방향으로 이끌어간다. 레기네의 사랑은 점점 더 힘차게 타오를 뿐이었다. 레기네에게는 이제 키에르케고어가 어떤 위대한 존재로 보이게까지 되었다.

'이다지도 나는 무뚝뚝하다. 그러나 레기네는 그럴수록 더욱 헌신적이다. 이 무슨 잘못 맺은 관계란 말이냐' 하고 탄식하면 할 수록 처녀의 마음속에 깃들인 '여성'은 한층 힘차게 눈떴다. 그것만이 레기네의 진정한 행복이었던 것이다.

이윽고 키에르케고어는 결단을 내렸다. '이 편지를 쓴 사람을 잊어 주십시오. 한 사람의 처녀를 행복하게 해줄 수 없었던 한 사람의 사내를 용서해 주십시오' 하고 그는 편지를 띄웠다.

레기네는 미칠 듯이 날뛰었다. 그가 외출한 사이에 달려온 레기네는 '당신이 없이는 살 수가 없습니다. 저를 버리신다는 것은 저를 죽이는 것입니다' 라는 편지를 써놓고 돌아갔다. 그는 너무나도 마음이 괴로워 곧 레기네한테로 달려갔다. 그리고 어마어마한 결의를 철회했다. 그러나 그것은 본심이 아니었다. 괴로움을 조금이라도 덜어주고 난 후에 헤어질 심산이었던 것이다. 그의 마음은 이미 세상의 동정은 물론이거니와 레기네의 동정마저 잃고서도 견딜 수 있을 만큼 굳은 결심이 서 있었다.

그러나 레기네 편에서도 결심은 더욱 굳어만 갔다. 사랑을 위해, 키에르케고어를 위해서는 어떤 일이라도 하려고 결심했다. 키에르케고어의 이상한 태도에 대하여 세상이 이러쿵저러쿵해도 레기네는 있는 힘을 다하여 싸웠다.

이러한 마음과 마음의 결전은 두 달이란 세월을 끌었다. 다시 최후의 통첩을 할 셈으로 레기네의 집을 방문한 그날, 레기네는 미칠 듯이 슬피 울며 통곡했다. 그러나 그의 결심은 움직이지 않았다.

이리하여 레기네와의 일은 종막을 고했다. 그러나 이것으로 모든 것이 끝난 것은 아니었다. 레기네와의 사랑을 통하여, 그리고 그 사랑이 끝난 후에도, 키에르케고어는 허다한 저술을 통하여 레기네와의 관계를 되풀이했다.

즉, 키에르케고어는 레기네라는 한 여성을 통하여 자기의 본질의 일부를 형성했다고 할 수 있다. 그는 레기네를 통하여 직접성의 삶이라는 것이 무엇인가를 깨달았다. 그리고 이 사실이 그의 저술활동에 결정적인 소임을 하였다는 것도 두말할 필요가 없다. 레기네와의 관계를 통하여 그는 자기가 죄와 죽음의 의의를 항상 짊어지고 다니는 운명을 타고났다는 사실에 대하여 뚜렷이 인지하게 되었다.

키에르케고어가 레기네와의 관계를 직접 취급한 저서는 『유혹자의 일기』 및 『죄가 있느냐, 없느냐』의 두 권이다. 레기네와 자기의 영적인 영역에 대해서는 거의 언급을 하지 않고 주로 에로틱한 면만을 취급하고 있다.

레기네는 2년 후에 슐레겔과 약혼하고 결혼했다. 1855년, 그러니까 키에르케고어가 죽은 그해에 슐레겔은 서인도의 장관으로 부임했다. 그때 노상에서 만난 것이 최후의 만남이었다.

키에르케고어가 레기네와 헤어지지 않을 수 없었던 이유는 아직까지도 분명치가 않다. 많은 키에르케고어 연구자들이 아직 문제로 삼고 있는 것이다. 그러나 앞서도 말한 바와 같이 그 결정적인 요인은 키에르케고어의 종교성인 듯하다. 키에르케고어는 워낙 종교적인 인간이었다. 자나 깨나 죄와 죽음의 의식이 그의 전체를 차지하고 있었다.

'헤겔과 같은 논리학자가 아니기 때문에 나는 많은 범주範疇를 갖고 있지 못하다. 단 하나의 범주를 가지고 있을 따름이다. 깨어있을 때는 항상 그것을 생각하고, 잠이 들면 그것을 꿈에서 꿈꾼다' 고 그는 말하고 있다. 이런 괴팍한 사내와 열여덟 살 난 풋내기 처녀와의 사랑이 원만히 진행될 리가 만무하다. 약혼하자 곧 그는 자기의 약혼이 과실이었다는 것을 깨달았다. 그의 종교성이 고개를 들었던 것이다.

'나는 종교적 인간이다. 그런데 레기네는 나를 이해하지 못한다' 라는 말은 『죄가 있느냐, 없느냐』의 거의 매 페이지마다, 때로는 한 페이지에도 여러 번 나온다. 키에르케고어는 레기네와 자기를 대비하여 다섯 개의 테제를 들고 있다.

1) 그는 자기 속에 죽치고 있다. 그러나 그 여자는 자기 자신 속에 죽치고 들어가 있을 수가 없다.
2) 그는 우울하다. 그 여자는 쾌활하다.

3) 그는 본질적으로 사색가다. 그 여자는 결코 그렇지 않다.

4) 그는 윤리적이고 변증법적이다. 그 여자는 미적이고 직접적이다.

5) 그는 동정적이다. 그 여자는 전적으로 직접적이고, 따라서 극히 순진하지만 자기 자신을 사랑한다.

키에르케고어가 레기네를 무자비하고 냉정하게 버린 것이 아니라는 것은 앞서도 언급했다. 그에게는 우수憂愁와 더불어, 또 미적이고 직접적인 생활을 사랑하고 동경하는 면도 있었다. 또 그는 날카로운 양심의 소유자이기도 했다. 어떤 점에서 그는 레기네와 더불어, 그의 속에 깃들어 있던 자기의 미적 분신까지도 떼어버린 것이라 할 수 있을 것이다.

'레기네와의 관계가 끊어졌을 때의 나는 거칠고 방종한 생활에 떨어지느냐, 그렇지 않으면 절대적 종교성 – 그것은 목사들의 그것과 같이 김빠진 그런 것이 아니다 – 으로 향하느냐 중 하나를 택하여야만 했다.'

그러나 그가 방종한 생활에 빠지기에는 그의 종교성이 지나치게 강했다. 그리하여 그는 절대적 종교성으로 향했다.

레기네와의 약혼 파기로 말미암아 키에르케고어는 코펜하겐 시민들의 맹렬한 비난을 받았다. '실험을 하기 위해' 젊은 처녀의 행복을 유린했다고들 하였다.

키에르케고어는 약혼 파기에 이르기까지의 내적인 갈등 때문에 지칠대로 지친 심신을 회복하기 위해, 또 한편으로는 시민들의 비난을 피하기 위해 이전부터 계획하고 있던 베를린 행을 단행했다.

베를린 대학에서는 헤겔이 죽은 후, 셸링이 초빙을 받아 다시 강단에 서 있었다. 키에르케고어는 셸링의 강의를 청강했다. 처음에는 아주 열심을 냈다. 그리고 심취했다. 그러나 점차 어쩐지 허전하고 부족한 감을 느끼기 시작했다.

베를린에서 키에르케고어는 『이것이냐/저것이냐』의 집필에 착수했다. 나이 삼십, 그의 내부에서는 자기만의 독특한 사상이 점차 무르익어 강하게 표현을 요구했다. 남의 사상을 받아들이는 시기가 지나고, 창작의 시기가 도래했던 것이다. 그가 셸링의 강의에 만족하지 못한 것도 무리는 아니었다. 그는 일 년으로 예정한 베를린 유학을 반년으로 줄이고 코펜하겐으로 돌아왔다.

이즈음 그는 스스로 시인인 동시에 사상가로 자처하고 있었다. 그리고 타고난 그의 우수를 극복하기 위해서도 창작 이외에는 다른 길이 없었다.

'내가 저술가가 된 것은 대부분 나의 우수와 재물 덕분이다' 라고 그는 말하고 있다. 그의 창작에 대한 욕심은 맹렬하게 타올랐다.

우선 『이것이냐/저것이냐』의 전후 2부로 이루어진 대작이 1년에 걸쳐 완성되었고, 곧 이어 『두 개의 강화』를 썼다. 그 후 『공포와 전율』, 『반복』, 『세 개의 강화』, 『철학적 단편』, 『불안의 개념』, 『네 개의 강화』, 『인생길의 여러 단계』, 『어떤 기회에 즈음하여 쓴 세 개의 강화』, 『철학적 단편의 결론으로서의 비과학적 후서』 등을 잇달아 저술하여 발표했다.

이 모든 것들이 1843년 2월부터 1846년 3월에 걸쳐 출판된 것들이다. 놀랄만한 창작욕이라고 하지 않을 수 없다. 그런데 주목해야 할 일은 강화집 이외에는 모두 익명으로 저술했다는 사실이다. 그리고 키에르케고어 자신의 이름은 고작해야 발행자로 기입되어 있을 따름이다.

익명을 쓴 이유에 관해서는 여러 가지 이유가 있을 것이다. 이 이유에 관해서 하워드 A. 존슨은 '간접적 전달' 이라는 말로 설명하고 있다. 확실히 경청할 만한 설說이라 하겠다.

그러나 강화집에는 반드시 키에르케고어 자신의 본명을 저자로 명기하고 있다. 이것은 키에르케고어 자신이 스스로의 본질을 종교적이라고 느끼고 있었던 사실을 명시하는 것이라고 할 수 있다.

이들 저술을 잇달아 발표하고 나자, 그는 이제 자기의 사명을 다한 것 같다는 느낌을 가졌다. 그는 은퇴하여 어느 한적한 시골에서 목사로서 소박한 시골 사람들을 상대로 목회나 하며 '외톨이'로 세월을 보내고 싶어 했다. 그러나 뜻밖의 일이 생겨 그는 또 다시 세상 사람들의 주목을 끌게 되었다. 이리하여 그의 저술가로서의 두 번째 시기가 시작되었다.

그 사건이란 다름이 아니라, 그의 작품에 대한 어떤 경박한 비평이 동기가 되어 그가 「콜사르」 신문과 싸우게 된 일이다. 「콜사르」는 유태계 시인인 골드슈미트가 발행하고 있던 풍자신문으로, 코펜하겐에서는 상당한 부수를 발행하고 있던 악덕신문이었다.

키에르케고어는 이전부터 이런 부류의 신문이 세상에 해악을 끼치고 있는 사실에 대하여 한편으로는 걱정도 하고, 또 한편으로는 분개하고 있었다. 그는 이 기회에 그런 사회적으로 유해한 것들과도 싸우기로 했다.

물론 그런 풍자신문, 악덕신문과의 싸움으로 인해 자기 자신이 어떤 지독한 조소와 비난을 받을 것인가 하는 것은 잘 알고 있었고, 또 각오도 했다. 싸움이 시작되었다. 사태는 예상한 대로 진행되었다. 키에르케고어는 무서운 조소의 대상이 되었다. 그는 거리의 소크라테스라고 야유를 받았다. 「콜사르」의 매 호마다 키에르케고어의 만화가 실려서 나왔다. 길고 가느다란 다리에, 한쪽이 다른 한쪽보다 짧은 양복바지를 입고, 손에는 우산을 든 그림이었다. 또 그의 인격과 저작에 있어서의 여러 가지 결점이 공격을 받았다. 이리하여 키에르케고어는 다시금 코펜하겐에서 가장 '유명한' 인물이 되었다.

남달리 감수성이 예민한 키에르케고어에게 이 '콜사르 사건'이 얼마나 심각한 영향을 주었을까 하는 것은 상상하기 어렵지 않다.

그러나 키에르케고어는 끝내 자신을 잃지 않았다. 그는 상대방과 같은 수준에 서서 싸운 것이 아니라, 이 사건을 객관화하여 신문이나 세상, 군중 혹은 그 배경을 이룩하고 있는 현대일반의 본질을 상대로 싸워나갔다. 1846년에 저술된 『현대의 비판』은 이에 대한 그의 의견이다.

한 걸음 더 나아가서 이 사건은 그의 마음을 심화시키는 데 크게 이바지했다. 『철학적 단편의 결론으로서의 비과학적 후서』에 있어서의 최후의 중심점은 그리스도교에 있어서의 역설이었으나, 이때부터는 이와 더불어 '순교'라는 관념을 중요시하게 되었다.

참다운 그리스도인으로서의 길을 걷자면 필연적으로 '세상'과 충돌하고 세상으로부터 조소를 받아야만 한다. 그럼에도 불구하고 십자가를 걸머지고 그리스도를 따라야 하는 것이 그리스도인이다. 하느님께서는 그것을 명하신다. 그리스도교에 있어서의 신앙은 값싼 신앙이 아니다. 고난 속에서의 신앙이다. 그리스도인의 사랑은 감상도 아니고 공상도 아니다. 그것은 필연적으로 행위로 돌출되는 격렬한 사랑이어야 한다. 인간에 대한 하느님의 사랑도 단순한 포옹이 아니라, 그 전제前提로서 엄격한 심판을 내포하고 있는 사랑이다.

키에르케고어의 두 번째 시기의 저술은 모두가 이러한 것들을 근본으로 하여 쓰여진 것들이다. 첫 번째 시기의 '건덕적인 강화'는 점점 '그리스도교적 강화'로, 즉 고난의 복음에 관한 설교로 변했다.

현대에 있어서 진정한 그리스도인이라면 필연적으로 순교자의 길을 달리지 않을 수 없다는 생각이 점차 키에르케고어의 마음속에 굳어감에 따라, 그는 교회에 대하여서도 불만을 느끼지 않을 수 없었다. 덴마크 교회의 수장인 뮌스터 감독監督의 생활이 과연 고난의 생활일까? 그는 순교자라고 불릴 수 있을까를 스스로에게 묻게 되었다.

뮌스터에 대해 말하자면, 그의 부친이 목사였고, 동시에 키에르케고어가 어렸을 때부터 존경해 온 분이었다. 그러나 이제는 그 뮌스터에 대해서도 회의적이 되지 않을 수 없었다.

그러나 키에르케고어는 그에 대한 공격을 조급히 서둘지 않고, 그의 저술가로서의 두 번째 시기에 있어서 그리스도교에 관한 사상을 가장 잘 표현하고 있는 『그리스도교의 훈련』을 통해 뮌스터에게 접근했다.

이 저술에서 키에르케고어는 천한 목수의 아들로 태어나서 고난의 길을 달리다가, 필경에는 십자가에서 죽으신 그리스도를 '본받아' 자기의 십자가를 걸머지고 그리스도를 따르는 것이 참다운 그리스도인이라고 주장하고 있다.

그러나 키에르케고어는 이 책을 출판하기까지 2년 동안이나 주저했다. 과연 자기는 이런 주장을 들고 나설 수 있는 자격이 있는 것일까? 자기의 본질은 역시 '시인과 종교가의 중간'에 불과할 뿐, 개혁가가 되지는 못하는 존재가 아닌가 하는 생각이 머리에서 떠나지 않고 있었던 것이다.

이윽고 그는 저자를 익명으로 하고, 자기를 편집자로 하여 출판하기로 결정했다. 그러고는 편집자의 이름으로 주를 달았다. 그 책은 대략 다음과 같은 의미를 담고 있다.

> '이 책에 있어서는 그리스도인이 되기 위한 요구가 최고의 이상에까지 올라가 있다. 그러나 하여간 요구는 밝혀져야 한다. 사람들의 귀에 들어가야만 한다. 사람들은 모름지기

이 요구에 침묵을 지켜서는 안 된다. 또 이 요구를 에누리 하는 것도 허용될 수 없다. …… 그러나 나는 여기에 저술된 것을 나 자신에게만 말하고 있는 것으로 이해한다. …… 나는 하느님의 은총에 매달릴 뿐이다…….'

『그리스도교의 훈련』을 비롯한 일련의 저서를 출판하고 난 후, 키에르케고어는 뮌스터의 회답을 기다렸다.

뮌스터가 키에르케고어가 주장하는 그리스도교의 이상상理想像이 옳다는 것과 덴마크의 그리스도교가 신약성서에 쓰여진 그리스도교와는 거리가 멀다는 것을 인정하고, 또 뮌스터 자신이 그리스도교의 이상상대로 생활하고 있지 못하다는 것을 정직하게 고백하든가, 그렇지 않으면 키에르케고어의 그리스도교 해석이 일방적인 동시에 과장된 것이고, 따라서 그것은 비종교적인 동시에 비그리스도교적이라고 공격해 오든가, 둘 중의 어느 하나를 기대했다.

그러나 뮌스터는 어느 쪽도 택하지 않았다. 그는 오로지 침묵을 지킬 따름이었다. 그러나 키에르케고어는 뮌스터와 만나서 논의를 하고 그의 의견을 듣고 싶어했다. 그러나 뮌스터는 이런 저런 핑계를 대며 키에르케고어와 만나는 것을 회피했다.

키에르케고어는 심히 불만스럽게 생각했으나, 뮌스터 감독의 고령高齡에 경의를 표하는 의미에서 참았다. 문제는 뮌스터가 죽은 후에 일어났다.

1854년 뮌스터가 죽은 지 며칠 후에 신학교수인 마르텐센이 이전에 뮌스터가 서곤 하던 강단에 서서 추도설교를 했다. 그것은 히브리서 13장에 관한 것이었다. 이 설교에서 마르텐센은 뮌스터 감독을 진리의 증인, 사도시대로부터 우리들의 시대에 이르기까지 계속되고 있는 거룩한 연쇄의 한 고리라고 말했던 것이다.

교회에 앉아서 이 말을 듣고 있던 키에르케고어는 마르텐센이 그릇된 그리스도관을 지니고 있다고 생각했다. 그는 집에 돌아오자 격렬한 반박문을 썼다. 그러나 오랫동안 책상 서랍에 간직해 두었다. 마르텐센이 감독의 후계자 중 한 사람이었기 때문에 감독이 결정되기까지 공격을 삼갔던 것이다.

9개월이 지나서 마르텐센이 후임 감독으로 취임할 것이 결정되자, 9개월 동안 서랍에 비장해 두었던 초고를 꺼내서, 1854년 12월 18일, 신문 「조국」에 발표했다. 「감독 뮌스터는 진리의 증인 – 진정한 진리의 한 사람 – 이었던가? 이 사실은 정말일까?」라는 제목의 글이었다.

마르텐센은 키에르케고어가 영웅의 무덤 위에서 춤을 추는 테루시테스 –『일리아드』에 나오는 그리스인 중에서도 가장 흉

측하고 철면피한 요설가饒舌家 - 라고 말했다. 또한 키에르케고어가 진리의 증인과 순교자를 같이 생각하고 있다고 비난했다. 마르텐센은 단 한 번밖에 회답을 하지 않았으나, 그의 동료들과 키에르케고어 사이에는 논쟁이 반년 이상이나 격렬하게 전개되었다. 키에르케고어는 덴마크에 있어서 가장 뛰어난 설교자로서 대중으로부터 존경을 받고 있던, 돌아가신 감독을 비방한다고 하여 호된 공격을 받았다.

키에르케고어는 더욱 흥분했다. 그는 신문의 논설이나 소책자를 통하여 더욱더 강경하게 자기의 주장을 펼쳤다. 그 소책자를 모은 것이 『순간』이라는 저서다.

키에르케고어는 이스라엘의 예언자들처럼 격렬한 어조와 정열로 '그리스도교 세계'와 '공인된 그리스도교'와 이에 속하고 있는 '사이비 그리스도교도'를, 그리고 그들의 예배와 행사를 공격했다. 키에르케고어는 자기의 가슴 속에 쌓여서 마음의 짐이 되고 있던 사상을 토해버릴 기회를 주신 하느님께, 또 감히 그럴 수 있었던 용기를 주신 하느님께 감사했다.

그러나 이 싸움에서 그는 모든 힘을 다 소모했다. 1855년 10월 2일 그는 거리에서 졸도했다. 그리고 한 달 후인 11월 11일 고요히 마음에 평화를 간직한 채 숨을 거두었다. 그에게 사명을 주신 하느님에게 감사를 드리며, 또 그리스도 안에서의 하느님의 은총을 믿으며, 또 자기가 죽어도 자기의 뜻을 계승할 사람이 있으리라는 것을 믿으며 숨을 거두었다.

'폭탄은 터져서 주위에 불을 지른다' 고 그는 죽음의 침상에서 말했다.

직접적인 사인은 척수병이었다. 그가 어렸을 때 나무에서 떨어졌던 것이 원인이었다고 한다.

관점

발행일 2011년 11월 04일 초판 1쇄

지은이 쇠얀 키에르케고어
옮긴이 임춘갑
펴낸이 방성열
만든이 이재천
책임편집 박상준
도움주신 분 한국 키에르케고어 학회
펴낸곳 도서출판 치우

서울특별시 마포구 합정동 441-23 동암빌딩
전화 02 338 3630 **팩스** 02 338 3690

ISBN 978-89-97332-00-7 03160

이 도서의 국립중앙도서관 출판시도서목록(CIP)은 e-CIP홈페이지(http://www.nl.go.kr/ecip)와 국가자료공동목록시스템(http://www.nl.go.kr/kolisnet)에서 이용하실 수 있습니다.(CIP제어번호: CIP2011004489)